# 프로이트, 꿈의 해석

마음을 이해하는 법

# 차례
Contents

# 정신분석의 창시자 프로이트

지그문트 프로이트(Sigmund Freud)는 1856년 현재의 체코 땅인 프라이베르크의 유대인 가정에서 태어났으며, 네 살 때 오스트리아 빈으로 이사해 평생을 보낸다. 프로이트에게 는 어머니와 나이가 비슷한 이복형 둘이 있었지만 새 가정 의 장남으로서 부모의 사랑을 한 몸에 받고 자란다. 아버지 의 사업이 잘되지 않아 집안이 넉넉하지는 않았지만 프로이 트는 부모의 배려와 격려 속에 열심히 공부했으며 학교에서 늘 우등을 독차지했다.

프로이트는 신경병리학 의사로 사회생활을 시작한다. 생 리학 실험실에서 6년간 일하기도 했지만 프로이트는 정신의

학을 더 좋아했는데 1895년 국비장학금을 받고 프랑스 파리의 살페트리에르 병원으로 유학을 가면서 큰 전기를 맞는다. 그는 당시 프랑스에서 신경증 질환의 최고 권위자로 명성을 떨치던 샤르코(Jean Martin Charcot, 1825~1893) 교수의 실험실에서 약 6개월 근무하면서 최면술을 통해 히스테리 증상을 만들거나 제거하는 모습에 큰 인상을 받았고 이때부터 본격적으로 히스테리 연구에 착수한다.

그러나 귀국 후 빈(Wien)의사협회에서 히스테리에 대해 발표한 것 때문에 프로이트는 냉대를 받는다. 히스테리가 심리적 원인에서 비롯될 수 있다는 주장과 남성도 히스테리에 걸릴 수 있다는, 당시로서는 급진적인 주장 때문이었다. 하지만 프로이트는 이런 냉대에 굴하지 않고 최면암시를 신경증 치료에 활용하면서 정신분석학이라는 새로운 학문을 만들어나간다.

1895년에는 그를 물질적으로나 정신적으로 언제나 후원하던 선배 의사 요제프 브로이어(Joseph Breuer, 1842~1925) 박사와 공동으로 『히스테리 연구』라는 책을 내면서 신경증의 비밀을 밝혀나간다. 역사가들은 보통 1900년에 출판된 『꿈의해석』을 정신분석학의 출발점으로 잡지만 실은 프로이트가 히스테리 연구를 할 때 이미 무의식의 존재를 확신했으며, 1896년 '정신분석'이라는 용어도 최초로 사용한다. 처음에는 학계의 비웃음을 받았지만 점차 정신분석 방법과 임상 효과가 알려지면서 스위스에서 융을 비롯한 정신의학자 그룹이 프로이트를 지지하기 시작한다. 1902년 프로이트의 집에서 몇몇 제자들과 시작한 수요 심리학회 조직은 점점 커져 마침내 1910년 국제정신분석협회(IPA)가 만들어지고, 초대회장에 융이 취임하면서 프로이트의 이론을 실천하고 정신분석가를 길러내는 국제기구가 된다.

당시 유럽은 새로 권력을 장악한 나치세력이 아리안종의 순수성을 지킨다는 명분으로 재무장을 추진하면서 이웃나라를 위협하여 전쟁 위기가 커지고 있었다. 특히 나치세력은 유대인들이 주 멤버인 정신분석학을 못마땅하게 여기면서 정신분석은 인간의 성본능을 찬양하는 쓰레기 같은 학문이라고 비판했다. 마침내 1933년 이들은 프로이트의 저서들을 베를린 광장에서 불태우면서 정신분석학을 완전히 없애버리겠다고 광기를 보인다.

자신이 죽을지도 모른다는 위협을 느낀 프로이트는 1938년 제자들의 도움을 받아 가족과 함께 런던으로 망명한다. 그러나 1년 후 오랫동안 자신을 괴롭히던 구강암이 재발하면서 마침내 9월 23일 망명지 런던에서 숨을 거둔다. 프로이트는 죽을 때까지 암으로 고통을 당하면서도 무의식의 비밀을 탐구하기 위해 연구하고 글쓰기를 멈추지 않은 성실한

학자였다. 프로이트의 대표 저작이 『꿈의해석』이다.


## 『꿈의해석』의 시대적 배경

『꿈의해석』은 1899년 11월 이미 서점에 진열되었지만 공식 출판연도는 1900년으로 인쇄되어 있다. 프로이트는 자신이 천재적 영감으로 연구해서 발표한 꿈에 관한 책이 20세기 새로운 사상혁명을 알리는 예언서처럼 받아들여지기를 기대했다.

그러나 프로이트가 야심차게 소개한 정신분석은 인간 본성을 긍정적으로 평가하거나 역사에 대한 장밋빛 미래를 그리는 희망의 예언서가 아니었다. 정신분석학은 오히려 인간의 무지를 들춰내고 우리가 아는 상식이나 이성이 마음의 일부에 불과하거나 편견일 수 있으며, 우리는 우리 자신을 잘 모를 뿐 아니라 스스로에게 자주 속는다고 폭로하는 고발인 역할을 한다.

마치 다윈이 진화론을 통해 인간이 만물의 영장이라는 그때까지의 믿음을 깨뜨리면서 생물학 혁명을 주도한 것처럼 프로이트는 그동안 의식적 차원에서만 이해하던 인간행동을 무의식·공격성·성적 충동을 통해 설명했다. 이런 작업은 인간이 부정하고 감추고 싶은 내밀한 면을 드러내는 것이기에 사람들을 불편하게 만들었고, 오늘날 고전이 된『꿈의해석』은 오랫동안 비난받고 무시당하면서 가치를 인정받지 못했다. 하지만『꿈의해석』은 어떤 의미로는 이미 20세기에 벌어질 많은 재앙·갈등·폭력·정신병리 현상을 과학적으로 예언한 책이다.

프로이트에 따르면 문명은 본능의 억압을 통해 가능하지만 무의식은 절대 사라지지 않고, 일상에서 늘 억눌린 에너지를 발산하기 때문에 심리적 갈등은 필연이다. 프로이트는 또한 인간의 감정이 근본적으로 사랑과 미움이 뒤섞여 있는 복합적 상태라 전혀 예측 못하는 방향으로 행동이 전개될 수 있다고 말한다. 19세기부터 20세기 이후 전개된 인류 역사는 프로이트의 주장이 옳다는 것을 보여준다.

19세기 들어 자연과학의 엄청난 성과들이 산업에 응용되면서 인류 역사는 전 시대와 비교할 수 없을 정도로 발전하고 변화를 겪는다. 전기·전화·사진의 발명, 철도·항공기 운항이 본격화되자 이제 이성주의자들이 꿈꾼 것처럼 과학이 인간 삶을 개선하고 생산력을 높여 인류는 풍요를 누리고 자유도 더 확산될 것처럼 보였다.

19세기 중반인 1856년에 태어난 프로이트는 이런 과학의 성과를 배우면서 물리학·역학·생리학에 기초해 인간의 심리구조를 과학적으로 해명하고자 노력한다. 그가 구상한 정신분석학은 19세기 이런 실증적 세계관과 계몽적인 과학의 성과 위에 기초하고 있다.

그러나 19세기는 한편으로는 자본주의 발전이 본격화되고 독점이 진행되면서 세계적으로 제국주의 나라 사이에 식민지 쟁탈전이 벌어지고 여러 곳에서 갈등과 충돌이 점차 커져가는 분쟁의 시기였다. 아시아·중동·아프리카에 대한 침략과 분할이 이루어지고 식민지 건설이 본격화되면서 전쟁의 기운이 짙어진다. 곪은 상처가 터지듯 식민지를 둘러싼 열강의 격돌과 식민지 민중의 독립을 위한 저항은 결국 세계 전체를 전쟁의 소용돌이로 몰아간다.

1914~18년 제1차 세계대전과 1939~45년 제2차 세계대전을 치르면서 수많은 사람이 죽거나 다치고 지구 곳곳이 전쟁의 상처와 파괴로 황폐화된다. 두 차례의 세계대전은 마치 그동안 가꾼 과학문명의 모든 성과가 전쟁준비와 인류멸망을 위한 것처럼 보여주었다. 사회계약론의 창시자 토머스 홉스의 말처럼 인간이 인간에 대해 늑대처럼 으르렁거리고 명분 없는 전쟁을 하면서 인간의 악마적 잔인성이 숨김없이 드러난 게 20세기다.

정신분석학은 이처럼 힘과 힘이 부딪치고 인간의 숨겨진 공격성과 갈등, 도덕적 타락이 세계사를 피로 물들이고 이

성주의의 가면을 벗기는 시대에 본격적으로 탄생한다. 정신분석은 태생부터 사회적 갈등에서 비롯된 여러 정신 장애를 치료하고 분석하는 과정에서 만들어졌다. 프로이트는 히스테리 같은 신경증 환자를 치료하면서 평소에는 잘 통제되던 마음의 갈등이 어떻게 균형이 깨지고 수면 위로 나타나면서 우리를 고통스럽게 만드는지 보여주었으며, 이를 통해 무의식의 존재를 더 분명하게 입증하면서 정신장애의 이해에 새롭게 기여한다.


### 『꿈의해석』에 대해


『꿈의해석』은 이성에 가려진 인간의 광기와 폭력성이 분출하는 시기에 인간의 마음을 무의식이라는 새로운 관점에서 분석한 책이다. 프로이트는 『꿈의해석』에서 그 전까지 예언이나 계시처럼 신비화되었던 꿈 현상을 과학적으로 해명하면서 "꿈은 완벽한 심리현상이며, 정확히 말해 소원 성취다"라고 선언한다(『꿈의해석』, 163쪽)[1].

꿈은 단순한 소원 성취가 아니라 억압된 욕망을 무대화하면서 평소 우리가 잘 인식하지 못하는 무의식을 드러내 보여주는 특별한 현상이기도 하다. 키케로는 "깨어 있을 때의 사고와 행위의 잔재가 정신 안에서 움직이고 자극한다"라고 말했다(『꿈의해석』, 31쪽). 프로이트는 고대인의 이런 막연한 생각에 과학적 근거를 불어넣고자 했다.

초기에 프로이트는 신경증, 그중에서도 히스테리 환자를 치료하면서 병리적 관점에서 무의식을 연구했으나 꿈을 소재로 삼으면서 무의식이 보편적임을 알게 되고 정신분석학을 구체화할 수 있었다. 『꿈의해석』에서 프로이트는 모두 223개의 꿈을 분석했는데 여기에는 자신의 것도 47개나 포함되어 있다. 책 제목 때문에 꿈의 해석에 주로 초점이 맞춰져 있는 것처럼 오해하지만 실은 억압된 무의식이 어떻게 꿈을 통해 표현되고, 그것을 가능하게 만드는 정신구조는 어떤 모습인지에 대한 해명이 중심이다.

『꿈의해석』에서 제7장이 핵심인데 여기에서 프로이트는 의식·전의식·무의식으로 이루어진 마음에 대한 1차 모델을 소개한다. 이 모델은 1920년대에 들어와 이드·자아·초자아의 2차 모델로 바뀌지만 1차 모델의 중요한 부분, 즉 의식과 무의식의 관계에 대한 통찰은 2차 모델에도 반영된다.

우리가 표면적으로 기억하는 꿈을 프로이트는 '외현몽'이라고 부르는데 그것은 의식의 검열을 피하기 위해 변형되고 대치된 경우가 많고 그 자체로는 큰 의미가 없다. 오히려 '외현몽'이 감추고 있는 무의식적 사고, 즉 '잠재몽'이 더 중요하다. '잠재몽'은 무의식적 소망·과거 기억흔적·억압된 것·정동·환상들과 연관이 있다. 잠재몽이 외현몽으로 바뀌는 과정이 '꿈작업'으로 프로이트는 이 과정이 어떻게 이루어지는지 탐구했다.

꿈의 해석은 결국 '외현몽'이 감추고 있는 '잠재몽'을 해석하는 작업이다. 이 두 가지를 프로이트는 "꿈의 (숨겨진) 사고와 꿈의 (드러난) 내용은 같은 하나의 내용을 두 가지 다른 언어로 묘사하는 것과 같다"라고 말한다(『꿈의해석』, 334쪽). 꿈은 잠재된 무의식적 소망과 낮에 경험한 여러 기억의 편린(낮의 잔재)을 뒤섞으면서 지각이 가능한 이미지로 바꾸는데 이때 '압축'이나 '전치' 같은 1차 과정의 메커니즘이 사용된다.

이 책은 다소 난해하고 지루한 프로이트의 『꿈의해석』을 더 쉽게 이해하기 위한 일종의 입문서다. 프로이트의 책이 어려운 것은 정신분석의 기본개념을 잘 모르기 때문이다. 꿈과 관련된 '억압' '압축' '전치' '동일시' '퇴행' '환상' 등 핵심 개념을 프로이트가 분석한 꿈과 연관 지어 쉽게 설명한 것이 이 책의 특징이다.

전체적으로 『꿈의해석』의 순서를 따르는 주석이 아니라 『꿈의해석』과 여러 저서에 나오는 중요한 꿈을 소재로 설명하기 때문에 훨씬 흥미로울 것이다. 이 책을 길잡이 삼아 기본을 이해한 후 프로이트의 『꿈의해석』을 차근차근 읽는다면 프로이트의 사상이 의미하는 바를 심층적으로 이해할 수 있을 것이다.

꿈은 무의식이 보내는 메시지다. 꿈을 통해 인간의 마음을 더 잘 이해하면서 자기 삶의 온전한 주인이 되는 길을 찾아보자.

# 제1장 꿈에 대하여

## 무의식(unconscious)과 꿈

1900년 프로이트가 마흔네 살 되던 해에 오늘날 고전 중의 고전으로 인정받는 『꿈의해석』이 출판된다. 1896년 '정신분석(psychoanalysis)'이라는 용어를 최초로 소개한 후 4년 만에 무의식(unconscious)이 무엇이고, 무의식은 일상에서 어떻게 우리 삶을 지배하는지 꿈 연구를 통해 설명하면서 인간의 마음 연구에 획기적인 발자국을 내딛는다. 이때까지 사람들은 무의식을 학문의 대상으로 전혀 생각하지 못했으며, 기껏해야 낭만주의자들이 사람의 정신에는 우리가 알지 못하는 어둡고 신비한 구석이 있다고 생각했다.

『꿈의해석』은 무의식을 만드는 심리구조와 그것이 꿈으로 표출되는 메커니즘에 대한 연구를 통해 인간이 이성적 존재이고, 의식이 마음의 전부라는 상식을 깨뜨리면서 무의식 과학의 필요를 역설한 책이다. 또한 앞으로 정신분석이 얼마나 인간의 삶과 사회를 해명하는 데 중요한 역할을 할 수 있는지를 예시한 책이기도 하다.

프로이트는 『꿈의해석』 제7장에서 무의식이 히스테리 환자만이 아니라 모든 인간의 심리와 행동을 지배한다는 것을 전제하면서 인간 마음을 일종의 기계장치로 설명한다. 『꿈의해석』이 출판되면서 이제 철학·심리학만이 아니라 정신분석학이 새로운 관점과 방법으로 인간심리와 행동연구에 새로운 기여를 하며, 그때까지 해부학과 신경생리학을 통해 의학적 차원에서만 다루던 정신장애와 신경증치료에도 획기적인 돌파구를 연다.

신체장애처럼 나타나지만 히스테리는 본래 마음에서 생긴 병이며, 그 원인은 해결하지 못한 정신적 갈등에 있다는 것을 프로이트는 꿈 연구를 통해 밝혀낸다. 인간은 사회 속에 살면서 어쩔 수 없이 여러 욕구를 억압하거나 정신적 충격으로 상처를 받는데 이런 갈등이 해소되지 않은 감정이 찌꺼기처럼 남아 여러 정신적 증상을 만드는 것이다. 그런 증상이 일상적으로 표출되는 현상의 하나가 꿈이다.

히스테리나 강박증 같은 신경증 환자뿐 아니라 보통의 인간도 무의식적 욕망과 의식의 끊임없는 갈등 속에 산다. 단지 신경증 환자처럼 신체 증상이나 강박 현상을 통해 무의식이 드러나지 않을 뿐 여러 경로로 갈등이 표현된다. 프로이트에 따르면 꿈은 심리적 갈등과 억압을 가장 적나라하게 보여준다. 꿈은 우리가 잘 기억할 수도 없는 유아기에 경험한 콤플렉스·좌절된 욕망·억압된 기억·금지된 소원을 그대로 보여주는 특별한 심리현상이다. 억압(repression)이란 생각하거나 다시 말하기를 꺼려하는 기억 감정, 사회가 인정하지 않는 욕망을 의식에서 추방하는 작용으로 무의식을 발생시킨다.

꿈은 억압되어 기억조차 못하는 무의식을 눈앞에 보이는 환상처럼 실현해주는 마음의 극장이다. 그러므로 꿈을 분석하면 평소 잊어버렸지만 언제나 우리를 욕망의 움직임 속에 밀어 넣는 기억들이나 잊고 싶은 마음속 상처가 무엇인지 살펴볼 수 있다. 한마디로 꿈은 무의식을 볼 수 있는 거울이다. 물론 무의식은 꿈뿐만이 아니라 농담·말실수·망각 등 다양한 정신 활동이나 행동으로 드러나기도 한다. 하지만 어떤 무의식적 형성물보다도 꿈은 모두에게 친숙하며 자신도 알지 못하는 은밀한 소원을 전체적으로 보여주는 아주 중요한 심리 현상이다.

그러나 프로이트 당시까지 꿈에 대한 과학적 연구는 거의 없으며, 일반인도 꿈을 대수롭지 않게 생각했는데 프로이트는 꿈을 통해 무의식을 다루면서 심리학과는 다른 새로운 정신분석을 창시한다. 『꿈의해석』에서 프로이트는 지금까지 연구된 많은 꿈에 관한 이론과 일반인의 상식적 관념을 비판하면서 꿈이 무의식에 이르는 왕도임을 대중의 눈높이에 맞춰 설명해나간다. 꿈 연구는 오늘날에도 정신분석 임상과 이론에서 중요한 방법이 되고 있다. 갈등을 마음의 본질로 볼 때 꿈이야말로 여기에 접근하는 직접적 통로가 되기 때문이다.

## 꿈의 본질

『꿈의해석』에서 프로이트는 전부 223개의 꿈을 소개하고 분석하는데 대부분은 그가 면담한 환자들의 증상과 관련이 있다. 프로이트는 특히 신경증 환자들이 반복적으로 꾸는 꿈 분석을 통해 신경증이 억압된 성적 욕망에서 비롯되며, 유아는 태어나자마자 이미 성적인 존재이고 활발하게 성적 활동을 한다는 대담한 학문적 가정을 내놓으면서 인간의 본성을 새롭게 규명한다. 프로이트의 후견자이자 동업자 요제프 브로이어 박사와 공동 연구를 할 때만 해도 프로이트는 히스테리는 환자들이 어렸을 때 성인으로부터 성적 유혹을 받거나 불쾌한 경험에서 받은 충격이 증상을 만들고 여러 형태로 드러난다고 생각했다.

하지만 유독 신경증 환자들이 꿈을 많이 꾸며, 그 꿈은 환자들의 유아기 경험을 그 자체로 보여주기보다는 교묘하게 왜곡하고 현재의 환상과 뒤섞으면서 잠재된 무의식적 소원을 보여준다는 것을 발견한다. 중요한 것은 환자들이 꿈에서 주인공이자 관객이 되어 자신의 성적 욕망을 환상처럼 체험하는 현상이다. 프로이트는 이것을 보면서 신경증 환자가 특별한 경험을 해서 성적 욕망과 관계된 꿈을 꾸거나 증상을 겪는 게 아니라 어쩌면 유아 자체가 처음부터 성적인 존재일지 모르겠다고 생각한다.

인간은 아이 때부터 자신의 몸에서 성적인 쾌감을 느끼면서 성충동을 선천적인 본능과 다르게 발전시켜나가는데 이러한 입장을 '유아성욕론(infantile sexuality theory)'이라 부른다. 꿈은 유아성욕론이 옳다는 것과 유아기 성발달이 아이가 사회화되는 과정에서 어떻게 무의식적 욕망을 만들면서 일생 동안 우리를 지배하는지 보여준다.

인간의 모든 활동은 생명보존을 위한 에너지와 성적 에너지인 리비도에 의해 이루어지며 리비도는 성뿐 아니라 쾌락과 관련되는 모든 정신적 활동을 가능하게 만드는 힘이다. 신경증 환자의 꿈은 성에 대한 욕망이 얼마나 강력한지 잘 보여준다. 여기서 성은 번식과 관련된 성애적 활동이 아니라 육체에서 기인하는 쾌락이자 생명현상으로, 포괄적으로 이해하는 것이 중요하다.

물론 꿈은 성적 욕망이나 그것과 연관된 무의식적 충동만을 드러내지는 않는다. 꿈은 우리가 간절히 바라는 현재의 절박한 소원을 표현하고, 때로 현실에서 좌절한 다양한 일상적 욕망을 대신 충족시켜서 잠깐이나마 대리만족을 주기도 한다.

또한 꿈은 낮 동안 경험한 기억을 정돈하고 갈등 요인을 풀어주면서 우리가 잘 수 있도록 수면을 보호한다. 만약 우리를 괴롭히는 불안감이나 소원에 대한 욕망이 너무 강력하게 작용한다면 우리는 그것에 에너지를 쏟느라 편안히 잠을 잘 수 없겠지만 꿈을 통해 소원이 충족되기 때문에 갈등에 시달리지 않고 잘 수 있는 것이다. 꿈은 소원 충족을 통해 잠을 보호하면서도 다양한 장면과 상징들을 통해 우리 무의식이 바라는 것을 암호처럼 펼쳐 보여준다.

그렇다고 모든 꿈을 무의식의 텍스트처럼 바라볼 필요는 없다. 의식적 '편의를 위한 꿈'이나 낮의 장면을 반복하는 꿈도 있을 수 있기 때문이다. 꿈의 본질이 소원 성취와 연관된다는 것이 중요하다. 프로이트가 쓴 『꿈의해석』은 꿈 해몽을 위해 쓴 책이 아니라 어떤 과정을 통해 꿈이 만들어지고, 꿈이 말하는 바가 무엇인지를 밝히기 위한 책이다. 꿈은 정상적인 심리활동이자 무의식에 이르는 왕도이며 인간의 마음은 중층적 구조를 가지고 있다는 것이 이 책의 요점이다.

꿈은 인간의 무의식이 우리 의식과 자아에게 건네는 메시지다. 우리는 『꿈의해석』을 통해 정신분석학이 어떤 학문인지 배우고, 우리의 참된 자아와 인간의 마음은 어떻게 움직이는지, 그리고 어떻게 우리 삶에서 욕망을 실현해야 하는지 생각해볼 수 있다.

# 제2장 꿈의 기능

꿈은 오래전부터 인류가 경험한 친숙한 심령현상이지만 이를 과학적으로 설명하기보다는 초자연적인 경험이나 예언처럼 믿었다. 특히 고대인은 꿈이 길흉화복이나 미래를 알려주는 신성한 계시에 가깝다고 생각했다. 위대한 인물과 관련한 많은 신화적인 꿈 이야기가 있으며, 역사의 큰 사건들이 꿈을 통해 미리 계시되었다는 증언들도 있다. 예를 들어 『성경』에 나오는 요셉은 꿈을 자주 꾸었는데 나중에 꿈을 통해 이집트의 풍작과 뒤이어 올 흉년을 예언하고 이에 대비하는 큰일을 한다. 한국사에서도 유성룡은 임진왜란이 벌어지기 전에 경복궁이 불타는 꿈을 꾸고 전쟁을 직감했다고 한다.

평범한 사람도 꿈이 특별한 징조라고 믿는 것은 마찬가지다. 태몽이나 악몽처럼 꿈을 앞일의 징조로 해석하는 사람이 많지 않은가? 예를 들어 사람들은 꿈에 잘 익은 복숭아나 고추를 보면 아들이 생긴다고 말한다. 그럼 도대체 꿈이 말하는 초월적 내용은 얼마나 사실일까? 프로이트는 꿈의 본질을 예지몽이나 자각몽처럼 신비롭게 바라보는 시각에 반대한다. 프로이트는 꿈이 특별하거나 신비한 현상이 아니라 여러 기능을 담당하는 정신활동의 하나이자 무의식과 연관된다고 말한다. 몇 가지 꿈의 기능을 살펴보자.


## 잠자는 동안의 정신활동

먼저 **꿈은 심리현상이고, 정신활동**이다. 고대인은 꿈이 초인간적인 현상이기에 꿈을 통해 예언을 하거나 중요한 일에 대해 점을 치기도 했다. 그런데 꿈은 예언이기보다는 잠들기 직전에 경험한 것이나 과거의 기억을 재현하는 의식활동에 더 가깝다. 꿈이 초자연적 현상이 아니라는 것을 학문적으로 증명하려는 노력은 오래전부터 있었다. 그리스의 철학자 아리스토텔레스는 꿈이 잠자는 사람의 정신활동이라고 최초로 설명했다. 예를 들어 잠자는 동안 손발이 따뜻해지면 이 사람은 불 속을 걷는 꿈을 꾼다는 것이다.

이런 생각은 꿈에 대한 최근의 과학적 연구결과와 많이 통한다. 꿈꾸는 사람은 잠자는 동안 신체가 받는 자극에 반응하는데 예를 들어 잠자는 사람에게 물을 뿌리면 비가 오거나 분수대에서 노는 꿈을 꾼다. 꿈은 신체가 받는 자극을 영상처럼 표현하는데 이 자극에는 1)외적·내적 감각자극, 2)신체자극, 3)심리적 자극이 있다.

감각자극은 잠자는 동안에도 우리의 오감 기능이 완전히 중단되지 않기 때문에 발생한다. 신체자극은 우리 몸 내부에 대한 지각으로 몸 상태가 안 좋을 때 악몽을 꾸는 식으로 나타나며, 심리적 자극은 낮 동안의 걱정이나 관심을 말한다. 꿈이 다양한 자극에 대해 반응한다는 것은 약하지만 잠자는 동안에도 의식이 작용한다는 증거다. 꿈은 이렇듯 자아가 주관하는 의식적인 면이기도 하다.


## 또 다른 기억

다음으로 꿈은 기억의 일종이다. 오래전의 희미한 기억이나 과거에 언뜻 본 장면이 꿈의 한 장면으로 재현되는 것을 우리는 종종 경험한다. 꿈이 아득한 어린 시절의 체험이나 까맣게 잊은 추억을 고스란히 기억하는 능력이 있다는 것을 힐데브란트 같은 많은 학자들이 지적했다. 꿈이 기억이라는 것은 기억의 복잡한 작동방식을 잘 보여준다. 우리가 한번 경험한 사건이나 인상은 완전히 사라지지 않고 반드시 두뇌 한 구석에 흔적을 남긴다. 이렇게 남겨진 흔적이 기억에 소환되기도 하지만 그냥 묻히는 경우도 많다.

많은 학자의 연구에 따르면 이론상 우리의 기억용량은 무한하지만 우리는 필요한 부분만 꺼내 쓰기 쉽게 간직한다. 꿈에서 재현하는 기억은 평상시보다 더 복잡하다. 꿈은 과거의 극히 일부분만을 깨진 조각처럼 활용하며, 그나마 뒤죽박죽 뒤섞이고 복잡한 이미지를 통해 재현하기에 꿈이 말하는 바를 쉽게 해석하기 힘들다. 꿈을 쉽게 잊어버리는 것도 그것이 논리적이지 않거나 엉뚱한 이미지의 묶음처럼 되어 있기 때문이다.

꿈은 기억의 내용이 아니라 그 기억에 부착된 어떤 해소되지 않는 감정과 관련이 있으며 이러한 감정은 주로 우리 의식에 강하게 충격을 주기 때문에 억압된다는 것을 알아야 한다. 꿈의 기억은 비디오처럼 과거를 재현하는 것이 아니라 여러 사정으로 이루지 못한 어떤 소원에 부착된 감정을 반복한다. 프로이트에 따르면 정신분석은 과거와 현재의 상호

작용을 강조하며 무의식에는 시간 개념이 없기에 기억은 반복될 수 있다.

## 원초적 환상

다음으로 꿈은 논리가 아니라 감각적인 환상이다. 꿈은 주로 환상으로 표현되는 경우가 많으며 깨어 있을 때 자아가 담당하는 이성적 사고와 비교해보면 모순되는 상황을 묘사하는 경우가 많다. 힐데브란트는『꿈과 삶을 위한 그 활용』에서 꿈속에서는 개가 시를 낭송하고, 큰 바위덩이가 물에 떠내려가며, 아무런 문제도 느끼지 않고 3×3=20이라고 곱셈을 한다고 말한다.

여러분이 꾸는 꿈을 한번 기억해보라. 아마 황당한 장면이나 앞뒤가 전혀 맞지 않는 내용이 많지만 꿈속에서는 그것을 당연하게 생각하는데 이것이 꿈의 원래 속성이다. 그렇기 때문에 개꿈도 의미가 있다. 나중에 살펴보겠지만 자아는 이치를 따지고, 개념적으로 어떤 사실을 판단하지만 무의식이나 그것의 저장창고인 '이드'는 도덕이나 논리를 떠나 본능적으로 생각하기에 이런 일이 일어난다. 그래서 해블록 엘리스(Ellis Henry Havelock, 1859~1939) 같은 의학자는 꿈을 "정서와 불완전한 사고라는 원시적 상태"라고 정의한다. 꿈은 아직 의식처럼 정돈되지 않은 원초적 환상에 더 가깝다.

## 소원 성취

마지막으로 꿈의 모든 모호한 속성은 결국 **꿈이 주로 소원 성취 기능**을 담당한다는 것과 통한다. 이것은 특히 반복되는 꿈일수록 더 그렇다. 우리가 살면서 자주 경험하듯 뭔가를 간절히 바라면 꿈속에서 그것이 이루어지는 경우를 본다. 꿈이 소원을 이뤄주는 것은 고민이나 불안감 때문에 잠을 이루지 못하는 것을 막기 위해서다. 꿈을 통해서마나 소원을 이루면서 우리는 그 시간동안 기분 좋게 잠을 잘 수 있다.

이런 점에서 꿈은 정신적 갈등이 심해질 때 정신기구들이 만드는 타협물이기도 하다. 그런데 꿈 소원은 우리가 의식적으로 바라는 것도 포함하지만 더 근본적으로는 부도덕하거나 우리가 차마 생각하지 못하는 무의식적 소원일 경우가 많다. 위에서 말한 것처럼 이것은 원초적 환상이나 욕망에 가깝다. 그래서 인간은 꿈을 꾸면서 원초적 상태로 퇴행한다고 말할 수 있다.

## 꿈의 올바른 이해

꿈은 결국 전형적인 인간 정신 활동의 하나이면서 무의식을 드러내주는 특별한 심리현상이다. 꿈의 내용이 뒤죽박죽이거나 도저히 이해하기 어려운 환상처럼 보이는 것은 의식의 검열을 피하기 위해서다. 비록 잠자는 동안이지만 의식은 우리가 불쾌하게 생각하거나 현실에서 실현할 수 없는 일이 드러나는 것을 막으려고 한다. 그래서 무의식은 의식의 방어막을 뚫고 이미지 변환이나 여러 이미지의 압축을 통해 자신의 존재를 드러낸다. 따라서 꿈을 실마리로 우리는 무의식과 억압된 기억의 정체를 파악할 수 있다. 이러한 무의식적 기억은 때로 꿈꾸는 사람이 감당하기 힘든 고통스러운 체험이나 정신적 상처와 연관이 있지만 무의식의 입장에서 보면 그것이 어떤 형태로든 만족을 준다고 할 수 있다.

결국 꿈에서 중요한 것은 꿈의 의미나 해석이 아니라 꿈을 만들어내는 과정, 즉 꿈 작업이다. 꿈 작업 과정이 어떻게 이루어지는지 살펴보고, 꿈의 핵심재료가 되는 꿈 사유의 실체를 분석하면 우리의 삶에서 반복되는 무의식적 욕망이 무엇인지를 알 수 있다. 그리고 꿈을 통해 의식과 무의식이 서로 충돌하고 타협하는 원리를 더 잘 설명하기 위해서는 정신구조에 대해 과학적으로 해명할 필요가 있다.

# 제3장 꿈이 만들어지는 과정

꿈이 만들어지는 과정은 보통 세 가지 단계다. 첫 단계는 꿈-재료가 꿈 공장에 해당하는 무의식으로 옮겨지는 과정으로 잠자는 동안 일어난다. 둘째 단계는 꿈 작업이 이루어지면서 꿈의 기본틀이 만들어진다. 셋째 이렇게 가공된 꿈 재료가 우리가 지각할 수 있는 이미지나 이야기로 변한다.

꿈은 개념이나 상징이 아니라 형상처럼 표현되기 때문에 이런 형상화 과정을 거쳐야 한다. 꿈이 만들어지는 과정을 비유로 말하면 어떤 정교한 기계를 만들기 위해 재료를 수집해서 공장에 보내고(재료선택), 그 재료를 가지고 기계를 만들며(꿈 작업), 마지막으로 전원을 연결해서 시험(형상화)하는 과정에 비유할 수 있다. 하나하나의 과정을 살펴보자.


## 꿈 재료가 꿈 공장으로 옮겨짐


첫째 과정은 꿈꾸기 전 깨어 있을 때 경험한 낮의 잔재, 즉 사건에 얽힌 감정이나 해결되기를 바라는 강렬한 소망을 증언하는 기억흔적이 무의식으로 옮겨지는 것으로 꿈 재료를 선택하는 첫째 공정이다. 꿈은 무에서 만들어지는 것이 아니라 여러 재료를 사용하는 것이 특징이다.

꿈의 재료로는 꿈꾸기 전에 경험한 기억이 남긴 잔재, 잠자는 동안 받는 생리적 자극, 신체상태에 대한 지각, 오랫동안 억압된 흔적들이 있다. 최근 경험이 가장 강력하게 영향을 끼치지만 꿈에는 유년기와 연관된 원초적 환상·정서들도 끼어든다.

프로이트가 꾼 유명한 꿈을 소재로 낮의 잔재와 오래된 유아기 기억이 어떻게 꿈에 의해 혼합되면서 변형되는지 살펴보자.

"나는 어떤 식물에 관해 연구 논문을 썼다. 내가 쓴 책이 놓여 있고, 나는 컬러로 된 삽화를 뒤적거리며 본다. 식물 표본처럼 보이는 바짝 말린 식물들이 그림마다 붙어 있다(『꿈의해석』, 340쪽). "

이 꿈에는 프로이트가 꿈꾸기 전날 본 이미지뿐 아니라 아주 먼 옛날의 기억흔적도 곳곳에 녹아들어 있다. 그 전날 프로이트는 서점에서 우연히 어떤 책을 봤는데 이 책의 제목이 '시클라멘 식물'이었다. 꿈에서 제일 중요한 것은 그가 최근 본 책이 꿈속에서 식물에 관해 프로이트가 쓴 논문처럼 변형되어 나타난 것이다. 꿈에 그 책이 소재로 등장했다는 것은 **식물학 연구 책**에 무엇인가 중요한 뜻이 있다는 것이다. 우리가 우연처럼 생각하는 많은 일들이 사실은 무의식에 의해 필연적으로 발생하는 경우가 많다는 것을 꿈은 보여준다.

프로이트는 자신의 꿈을 해석해본다. 곰곰 생각해보니 시클라멘은 그의 아내가 무척 좋아하는 **꽃**이다. 하지만 그는 경제 형편 때문에 아내에게 꽃을 자주 사다주지 못해 미안했는데 그런 미안한 감정이 꿈에 '식물'로 표현되어 나타났다. 또 식물학 연구논문은 그가 예전에 **코카인**을 가지고 마취효과에 대해 글을 쓴 것과도 관련이 있다. 당시 그는 코카인을 연구하면서 그것을 통해 뭔가 새로운 발명을 해 돈도 많이 벌면서 아주 유명해지고 싶었다. 하지만 마취약 개발성과를 결국 동료에게 빼앗겼는데 그것이 커다란 아쉬움처럼 프로이트 기억에 남아 있었다. 말린 식물표본은 그가 중학생

이던 시절 교장이 시켜서 다른 학생들과 **식물표본**을 정리한 기억과도 연결된다. 당시 교장은 프로이트가 못 미더웠던지 많은 일거리를 주지 않았는데 이 또한 아쉬움의 기억처럼 여운을 남긴다. 컬러로 된 **삽화**는 프로이트가 다섯 살 때 아버지에게 선물로 받은 페르시아 여행기의 삽화 이미지가 끼어든 것이다.

꿈을 분석해 보니 놀랍지 않은가? 이처럼 간단한 꿈이 최근 기억부터 아주 오래전 여러 추억까지 식물학-논문-삽화를 공통의 재료로 해서 다양한 이야기를 줄줄이 엮고 있다. 나중에 보겠지만 꿈의 이미지는 여러 가지 사건이나 이미지를 동시에 대표하는 압축의 원리를 보여주기도 한다. 과거와 현재의 기억이 비슷한 이미지나 생각에 의해 하나의 사슬처럼 연결되는 것이 무의식의 특징이다.


**잠재된 꿈-사고를 드러난 꿈 내용으로 바꾸는 꿈 작업**


두 번째 과정은 꿈 소재를 가지고 꿈 작업을 하는 것으로 꿈의 핵심공정이다. 꿈은 크게 두 가지 요소로 분해할 수 있는데 하나는 꿈의 원동력이자 무의식적 소망인 잠재된 꿈-사고이고, 다른 하나는 그것이 의식에 드러난 꿈 내용이다.

꿈 작업은 꿈-사고를 우리가 보는 꿈 내용으로 바꾸는 작업이다. 구슬이 서 말이라도 꿰어야 보배라는 말이 있듯이 꿈-사고가 꿈 내용으로 바뀌지 않으면 의미가 없다.

프로이트는 『꿈의해석』에서 잠재된 꿈-사고를 드러난 꿈 내용으로 바꾸는 과정인 꿈 작업의 중요성을 강조했는데 사람들은 프로이트가 꿈의 해석에만 몰두했다고 잘못 생각하는 경향이 있다. 꿈 작업은 다소 복잡하게 진행되며 무의식이 얼마나 교묘하게 위장해 자신을 표현하는지 잘 보여준다.

잠재된 꿈-사고는 이야기나 개념들이 아니라 무의식적 환상과 이것에 부착된 감정의 덩어리다. 위의 꿈을 예로 들자면 현재 아내에게 꽃도 제대로 사주지 못하는 현실, 야심차게 진행한 정신분석 연구가 삽화가 들어 있는 동화책처럼 취급되는 적대성에 대한 불만이나 좌절감이 꿈-사고의 핵심이다.

꿈-사고가 위의 식물학 연구논문처럼 드러난 꿈 내용으로 바뀔 때 생략되거나 관련 없어 보이는 이미지로 표현되는데 이것이 꿈의 본성이다. 꿈-사고는 우리 의식이 잘 알지 못하거나 싫어하는 기억이기 때문에 이러한 변형을 반드시 거친다.

## 지각할 수 있는 이미지화 작업

꿈이 마치 영화 같은 이미지로 드러나기 위해서는 마지막 세 번째 단계를 거쳐야 한다. 이것은 현재 의식에서 과거 무의식으로 거슬러 가는 것으로 퇴행이라고 부른다. 위의 꿈에서 바로 전날 서점에서 본 책이 아주 예전의 여러 이미지와 혼합되면서 재현되는 것을 떠올리면 된다. 이것은 현재 사건이 무의식 속에 남아 있는 기억흔적과 결합하면서 지각되는 이미지로 바꾸는 과정을 통해 꿈에 나타난다. 이를 알기 위해서는 우리 마음이 어떻게 작용하는지 이해할 필요가 있다.

대개 우리의 행동은 외부나 내부에서 오는 여러 자극을 경험하고 이것에 반응하는 식으로 일어난다. 이때 자극이 남기는 흔적들이 기억의 뿌리가 되고 기억조직에 저장된다. 이 기억은 생생한 전체 기억의 덩어리가 아니라 감정의 흔적이며 흩어져 있는 조각조각의 기억이다. 이 기억의 상당부분이 평상시에는 망각되거나 잘 떠오르지 않지만 그 흔적들은 남아서 작용하는데 이 흔적이 꿈에 활용된다.

위에서 식물학 논문이나 식물표본의 이미지로 변화되어 떠오르는 과거의 좌절·아쉬움·원망·부끄러움 같은 감정을 생각하면 된다. 꿈꾸기 전에 과거 기억을 떠올리게 만드는 이미지와 비슷한 경험을 한다면 이것이 꿈 작업을 통해 서로 결합된다. 이런 경험이 무의식에 남아 있는 과거 기억 흔적과 결합하고 지각화되면서 꿈은 영화처럼 표현된다. 평상시 행동이 지각→기억→행동(반응)의 순으로 나타난다면 꿈은 반대의 과정인 퇴행을 통해 표현되며, 이 과정에서 과거의 기억들이 현재의 사건에 끼어들기도 한다.

프로이트는 꿈의 이러한 역동적인 과정을 설명하기 위해 『꿈의해석』 제7장에서 마음을 설명하는 정신구조 모델을 소개한다. 이 모델을 1차 모델이라고 하며 의식·전의식·무의식의 세 가지를 마음의 기본 구조로 가정한다.

# 제4장 꿈의 두 가지 요소

## 드러난 꿈 내용과 잠재된 꿈-사고

꿈은 앞서 말한 것처럼 드러난 꿈 내용과 잠재된 꿈-사고의 두 가지 요소로 나뉜다. 그런데 이 둘은 동일한 내용을 두 개의 외국어로 서로 다르게 표현하는 것에 비유할 수 있다. 마치 한국인이 사과를 보면서 '사과'라고 말하고, 미국인은 '애플'이라고 말하는 것처럼 말이다.

드러난 꿈 내용과 잠재된 꿈-사고가 꿈의 핵심 요소다. 잠재된 꿈-사고가 드러난 꿈 내용으로 바뀌는 과정이 바로 꿈 작업이고, 반대로 드러난 꿈 내용 이미지를 분석해서 잠재된 꿈-사고가 무엇인지를 보여주는 것이 꿈의 해석이다. 드러난 꿈 내용과 잠재된 꿈-사고는 동전의 양면처럼 함께 작용하기 때문에 이 두 가지 요소를 함께 비교하면서 분석해야지 어느 한쪽만 강조해서는 안 된다.

## 두 요소의 관계

이제 드러난 꿈 내용과 잠재된 꿈-사고의 관계가 어떤 것인지 꿈을 예로 들면서 좀 더 자세히 살펴보자. 드러난 꿈 내용은 우리가 잠에서 깨었을 때 기억하는 전형적인 꿈 이미지를 말한다. 꿈은 잘 만들어진 한편의 영화처럼 아주 논리적으로 보일 때도 있지만 보통은 일관성이 없거나 평소 전혀 생각하지도 않은 엉뚱한 이미지가 보이는 등 참 이상할 때가 많다.

예를 들어 사막을 달리다 갑자기 예전의 친하지도 않던 친구를 만났는데 자세히 보면 다른 사람인 경우다. 아니면 푸른 초원 위 하늘을 훨훨 날다가 뚝 떨어지거나 장면이 바뀌면서 물속에 빠져 허우적거리다 깨어나는 식으로 그 자체로는 앞뒤가 잘 맞지 않을 때가 많다. 드러난 꿈 내용이 의식의 검열을 피해 잠재된 욕망을 표현하기 때문에 시공간과 논리를 초월해 변형되는 경우가 많다.

그러므로 꿈의 숨겨진 의미를 찾기 위해서는 잠재된 꿈-사고가 무엇이고 그것이 어떻게 꿈에 반영되고 있는지 관계에 초점을 맞춰야 한다. 잠재된 꿈-사고는 보통 유아기까지 거슬러 올라가는 무의식적 소망·환상·욕망과 기억흔적들·낮 동안 경험한 잔재 등 여러 가지로 이루어지며, 조각난 장면과 이에 달라붙은 정동(affect)의 결합이다. 잠재된 꿈-사고는 무의식에 뿌리를 박고 있으면서 꿈의 핵을 이루는 본래 소망으로 꿈의 원천이다. 꿈은 이러한 욕망을 성취시켜주면서 우리가 잠을 방해받지 않도록 도와주는 역할을 한다.

히스테리에 걸린 어떤 부인의 꿈을 통해 두 가지 꿈 요소의 관계를 좀 더 살펴보자. 이 꿈은 꿈이 소원의 성취라는 프로이트 주장을 반대하기 위해 히스테리에 걸린 부인이 프로이트에게 얘기한 꿈이기도 하다.


## 히스테리 부인의 꿈

"저는 맛있는 저녁식사를 준비해 파티를 열고 싶었습니다. 그런데 마침 집에는 약간의 훈제 연어 말고는 다른 재료가 없었습니다. 시장에 가려고 했는데 공휴일이라 모든 상점이 문을 닫았다는 것이 생각났습니다. 그래서 물건을 배달해 주는 상인들을 찾아 전화를 하려고 했는데 이번에는 전화기가 고장이 났더군요. 결국 저는 애석하게도 저녁 파티를 하려던 계획을 포기해야 했습니다(『꿈의 해석』, 190쪽)."

이 꿈을 액면 그대로 보면 파티를 열고 싶은 소원이 좌절되어 꿈을 꾼 이가 서운해하는 것처럼 보인다. 프로이트는 이 환자와 꿈 얘기를 하면서 잠재된 꿈-사고가 어떻게 교묘한 방식으로 소원을 충족시키는지 분석한다. 이를 위해 겉으로 드러난 꿈 내용이 감추고 있는 최근 기억흔적과 이에 연관된 정동을 찾아야 한다.

이 여성은 전날 정육점 주인인 남편과 대화를 했는데 남편은 살이 너무 쪄 이제부터 다이어트를 할 것이고 어떤 저녁 파티에 초대되어도 가지 않겠다고 말한다. 여기서 파티에 가지 않겠다는 남편의 말이 일단 꿈 해석을 위한 하나의 열쇠다.

이번에는 이 부인이 소원의 좌절을 실제로 경험했는지 알아봐야 한다. 이 부인은 캐비어를 몹시 좋아했지만 남편에게 절대 사주지 말라고 부탁했다. 만약 남편에게 사달라고 말했다면 부인을 사랑하는 남편은 아마 캐비어를 당장 사다주었을 것이다. 캐비어를 스스로에게 금하는 것이 소원의 좌절 같지만 실은 남편에게 미안한 마음과 의무감을 심어주려는 더 큰 욕망이 만든 행동이다. 원래 히스테리 환자는 욕망을 즉시 충족시키기보다는 그것을 미루면서 아쉬움을 즐기는 특성이 있다.

사탕을 몹시 좋아하는 아이가 선물로 받은 사탕을 받았지만 먹지 않는 장면을 생각해보자. 사탕을 먹어버리면 이제 좋아하는 사탕이 없어지고 허전할 테니 먹는 것을 미루고 침만 흘리면서 행복해하는 장면 말이다. 이 아이 행동은 겉으로 보면 소원의 좌절이지만 무의식적 입장에서는 소원 충족이지 않은가? 이처럼 꿈에서 파티가 좌절된 것이 실은 욕망의 충족을 미루는 환자의 현재 무의식 상태를 그대로 보여준다.

또 하나의 삽화가 여기 끼어든다. 부인의 남편은 마른 여자보다 자기 부인처럼 살찐 여자를 더 좋아한다. 그런데 이 환자는 친구가 있었고 남편은 종종 그 친구가 매력이 있다고 칭찬하곤 했다. 비록 이 친구가 말랐지만 부인은 은근한 질투심을 느끼면서 친구를 경계하고 있었다.

그런데 이 친구가 얼마 전 언제 자기를 초대해 맛있는 저녁을 먹게 해주지 않겠냐고 부탁했다. 이 부인은 예의상 그렇게 하겠다고 말했지만 속으로는 절대로 자기 친구를 잘 먹여 살이 찌도록 해주고 싶지 않았다. 살이 찔지 모르니 저녁 파티에 가지 않겠다는 남편의 말은 이 부인의 무의식적 경계심을 잘 보여준다.

꿈-사고에는 그러므로 친구의 소원인 저녁 파티를 좌절시켜 남편의 사랑을 지키려는 욕망이 감춰져 있다. 이것이 드러난 꿈에서는 친구가 아니라 본인이 만찬파티를 열 수 없는 것처럼 표현된 것이다. 꿈에 나타나는 유일한 음식물인 훈제 연어는 사실 그 친구가 제일 좋아하는 음식이다. 그러므로 이 꿈은 자신의 친구 입장에서 좌절된 소망을 경험하면서 또 한편으로는 그 광경을 즐기는 부인의 복잡한 심리를 아주 잘 보여준다. 이것은 부인이 그런 식으로 다른 사람의 욕망에 쉽게 '동일시'하는 히스테리 환자이기 때문이다. 결국 이 꿈은 환자의 반박과는 달리 결국은 환자의 무의식적 소원을 충족시키는 꿈이다.


## 어떤 노인의 꿈

드러난 꿈 내용은 은연중에 잠재적 꿈-사고를 현실처럼 실현해주지만 때로 드러난 꿈 내용이 정반대적인 상황이나 정서를 통해 잠재적인 꿈-사고를 지시하기도 한다. 어떤 노인이 잠을 자면서 너무 크게 웃는 바람에 걱정이 된 부인이 그를 깨우자 꿈 이야기를 했다. 꿈에서 노인은 자기 방에 낮

익은 인물이 들어오기에 불을 켜려고 했지만 끝내 불을 켤 수 없었다. 이때 노인의 옆에 누워 있던 아내가 도우려다가 결국 포기했다. 이 노인은 이 모든 것이 우스꽝스럽게 보여 크게 웃다가 깼다.

겉으로 보면 이 꿈은 유쾌하게 보이지만 반대로 우울한 심리상태를 보여준다. 실제로 꿈을 꾼 다음 날 노인은 몹시 머리가 아프고 우울했다. 꿈에서 불을 켤 수 없는 상황은 자신의 생명이 곧 다할 것이라는 예감의 표현이다. 자기 방으로 들어온 낯익은 인물은 저승사자를 상징하는데 이 노인은 동맥경화증으로 고생하면서 자신의 생이 얼마 남지 않았다는 것을 느끼고 있었다.

또 꿈에서 잠옷 차림의 부인이 불을 켜는 것을 도와주려다 실패했다는 것은 체력이 약해져 성생활을 할 수 없음을 보여준다. 죽어가고 있으며 성관계도 갖지 못할 만큼 약해진 자신의 현재 상태를 슬퍼하면서 통곡하고 싶은 마음이 정반대로 크게 웃는 모습으로 표현되었다.

이상으로 두 가지 꿈을 보았다. 결국 잠재된 꿈-사고의 요소를 잘 찾아보면서 그것이 드러난 꿈 내용에 어떻게 반영되었는지 그 과정을 잘 이해하는 것이 중요하다. 두 가지 내용을 함께 볼 때만 꿈이 표현하는 진정한 소원이 무엇인지 알 수 있기 때문이다.

# 제5장 꿈과 상징

　어떤 학자들은 꿈은 인간 모두가 보편적으로 의미를 파악할 수 있는 상징으로 구성되기 때문에 일반적인 상징풀이를 통해 꿈의 뜻을 해석할 수 있다고 주장한다. 실제로 프로이트를 떠난 구스타프 융(Carl Gustav Jung, 1875~1961)도 이런 측에 속한다. 융은 집단 무의식과 원형(archetype)이라는 개념을 통해 꿈에서 상징의 중요성을 강조했다. 예를 들어 서양에서 뱀이 악마나 사탄의 기호처럼 받아들여지는 모습을 들 수 있다. 반면 동양에서 뱀은 지혜를 상징하는데 이런 상징이 공통된 문화를 공유하는 사람들의 생각에 이미 뿌리박힌 원형이라는 게 융의 설명이다.

하지만 칼 아브라함 같은 학자들이 지적한 것처럼 민속적 상징이나 원형적 생각은 꿈보다는 신화나 전설에서 더 많이 발견된다. 물론 꿈도 잠재된 꿈-사고를 감추기 위해 상징을 이용하지만 그것은 개인의 무의식적인 억압을 감추기 위해 변형되면서 간접적으로 혹은 은폐된 형태로 활용되는 경우가 더 많다. 프로이트는 『꿈의 해석』에서 집단의 꿈이 아니라 개인의 꿈을 분석 대상으로 삼는다.

## 꿈과 상징의 활용

일반적인 상징관계는 목록처럼 정리할 수 있으며 꿈의 해석에 활용할 수도 있다. 예를 들어 지팡이·우산·칼·창 같은 길쭉한 물건들은 남성의 성기를 상징하고, 상자·장롱·동굴·방·선박은 여성을 상징한다. 길쭉한 물건이 성기가 발기하는 것을 연상시킨다면 움푹 파인 공간은 자궁을 암시하기 때문에 연관성이 있다. 이것은 거의 모든 문화권에서 비슷하다. 성적인 것이 직접 표현될 때 의식은 검열을 하기 때문에 무의식은 상징들을 마치 암호처럼 활용한다. 꿈에서 이가 빠지는 것이나 꼬리 잘린 도마뱀이 거세를 암시하거나 하늘을 나는 것이 성적 쾌감을 표현하는 것도 같은 맥락이다.

무의식은 의식처럼 세심하게 구분하고 나누는 대신 이미지들을 돌출 또는 움푹 들어감처럼 단순히 구별한 후 큰 공통성을 중심으로 활용하는데 이를 '속성적 사고(predicate thinking)'라 부른다. 속성적 사고는 잠재된 꿈-사고에서 흔히 발견된다. 하지만 위에서 말한 것처럼 잠재된 꿈-사고는 그 자체로는 의미가 없고 드러난 꿈 내용과 연관되면서 어떤 상징들이 구체적으로 이용되는지가 중요하다. 이것은 신경증 환자는 물론 정상인의 사고에서도 마찬가지다.

다음 꿈을 통해 프로이트가 상징을 꿈에서 어떻게 활용하면서 해석하는지 보도록 하자. 이 처녀는 신경증 환자는 아니었지만 내성적이라 소극적이었고, 약혼한 상태지만 여러 이유로 결혼에 어려움을 느끼고 있었다.

**약혼한 처녀의 꿈**

"나는 내 생일을 축하하기 위해 식탁의 중앙을 꽃으로 장식해요(『꿈의 해석』, 444쪽)."

이 처녀는 꿈에서 기분이 아주 좋았다. 이 꿈은 빨리 결혼해 주부로서 행복을 느끼고 싶은 생각을 표현하고 있으며, 이러한 목적에 상징을 적절하게 활용하고 있다. 꽃은 일반적으로 여성의 성기를 의미하기 때문에 꽃으로 장식된 식탁과 생일은 이미 결혼하고 출산까지 해서 아이의 생일을 함께 축하하고 싶은 욕망을 표현한다. 출산을 위해서는 당연히 성관계를 거쳐야 하는데 이것은 꽃에 대한 심도 있는 분석을 통해 알 수 있다.

프로이트가 분석 과정에서 꿈에서 본 꽃이 어떤 것이냐고 묻자 한층 진지해진 이 처녀는 처음에는 "돈을 내고 사야 하는 비싼 꽃"이라고 대답했다. 그다음에는 "은방울꽃·제비꽃·카네이션"이라고 대답했다.

은방울꽃의 원어는 '골짜기의 백합(a lily of the valley)'이다. 백합은 대중적 의미로 순결을 의미하고, 골짜기는 자연스럽게 여성의 신체를 연상시킨다. 그러므로 상징적 관계로 풀이하자면 '비싼 꽃'이라는 말로 남편이 자신의 처녀 가치를 제대로 평가해주었으면 하는 바람을 나타낸다. 다음으로 제비꽃(violet)도 숨은 의미를 지니고 있는데 프로이트는 혹시 그것을 짐작하느냐고 물어보았더니 이 여자는 이 꽃이 영어단어의 '강간하다(violate)'를 떠올린다고 대답했다. 이 처녀는 잠재된 꿈-사고에서 은근히 약혼자와 성관계를 갖고 싶은 속마음을 가지고 있다. 실제로 카네이션(carnation)에서는 '사람의 육신을 취함(incarnation)'이라는 말이 떠올랐다고 대답했다. 더구나 카네이션은 약혼자가 평소 자주 선물하던 꽃이었으며 '살구색'이라는 뜻도 가지고 있다.

이제 꽃이 상징하는 바는 명확해진다. 평소 정숙했지만 이 여자는 무의식적으로는 빨리 결혼해서 자신의 순결을 약혼자에게 선물하고 그 대신 사랑이 넘치는 행복한 삶을 기대한 것이다.

한 가지 주목할 것은 꽃이 장식된 식탁이 평평하다는 것이다. 이것은 은연중에 이 처녀의 육체가 빈약하다는 것을 의미한다. 그러나 자신은 또한 소중한 존재라는 것을 '장식'이라는 말을 통해 강조하기도 한다. 그것은 자신이 아이를 출산하고 생일을 축하해줄 수 있는 능력이 있기 때문이다.

이 짧은 꿈에서 단어들 하나하나는 모두 어떤 의미들을 상징한다. 하지만 상징이 그 의미들을 충분히 드러내주기 위해서는 일반적인 상징 목록만을 적용해 해석해서는 안 되며 지금처럼 환자의 평소 경험이나 욕망을 같이 고려해야 한다. 꿈은 모든 것을 상징화하는 것이 아니라 잠재적 꿈-사고 속에 있는 어떤 특정한 요소만을 상징으로 나타내기 때문이다.

프로이트가 치료했지만 끝내 실패했던 히스테리 환자 도라 사례에서 일반적인 상징적 묘사를 어떻게 개인의 무의식적 경험과 연관시켜 표현하는지 볼 수 있다.

## 도라의 꿈

"집에 불이 났어요. 아버지가 침대 옆에 서 있다가 나를 깨웠어요. 나는 급히 옷을 입었죠. 어머니는 보석 상자를 챙기려고 망설였어요. 아버지는 '당신의 보석상자 때문에 나와 아이들이 불에 타 죽을 수는 없소'라고 말했어요. 우리는 서둘러 계단을 내려갔고, 내가 바깥으로 나오는 순간 잠을 깼어요."[2]

상징적으로 보면 불은 활활 타오르는 청춘기 사랑의 감정을 의미하고 보석상자는 그 사랑에 의해 불타버릴 수 있는 순결을 의미한다. 하지만 이런 시적 상징들은 도라가 경험한 사건이나 그녀를 사로잡고 있는 무의식적 욕망과 연관시킬 때 그 숨겨진 의미들이 잘 드러난다. 프로이트에게 찾아왔을 때 도라는 18세였고, 병든 아버지에게 연민을 느끼면서도 한편으로는 못마땅하게 여기고 있었다. 당시 도라 아버지는 사업관계인 K씨의 부인과 밀월관계였기 때문이다.

한편 K씨는 도라를 몇 번이나 유혹한 적이 있다. 도라와 주변 인물의 관계는 아주 복잡한데 도라는 K씨의 유혹이 싫으면서도 은연중에 사랑 때문에 갈등을 하고 있었으며 이것이 이 꿈에서 어머니의 태도로 표현된다. 즉 꿈에서 어머니는 불이 나서(도라가 K씨의 사랑을 받아들여서) 보석상자(순결이나 처녀성)가 타버릴까 걱정하고 있는 것이다. 그리고 누군가 자신을 멈추어주었으면 하고 바라고 있다. 이 꿈에서 도라가 불에 타지 않도록 끄집어내는 역할은 아버지가 맡았는데 실제로 도라는 아주 어렸을 때 야뇨증으로 밤에 오줌을 자주 쌌다. 이 때문에 가끔 아버지가 꿈의 장면처럼 도라를 깨워 화장실에 가게 했다. 또 최근에 도라가 K씨 집에서 낮잠을 자다 깨었을 때 K씨가 도라 옆에 서 있어서 깜짝 놀란 적도 있다.

꿈에는 이처럼 도라의 무의식적 갈등과 최근 경험한 기억 흔적이 표현되어 있으며, 익히 알고 있는 상징들을 통해 묘사되고 있다. 결국 꿈의 상징은 잠재된 꿈-사고를 표현하는 무의식의 언어로 이해해야 한다. 꿈이 무의식의 왕도인 것도 무의식이 상징을 자신의 목적을 위해 활용하기 때문이다.

# 제6장 꿈의 종류:
## 해결하지 못한 소원이 만드는 꿈

이제부터는 『꿈의해석』에서 프로이트가 분석한 여러 종류의 꿈을 유형별로 살펴보자. 사례 분석을 통해 꿈이 어떻게 작동하는지, 그리고 의식과 무의식의 관계가 어떤 것인지 잘 이해할 수 있을 것이다.

우선 먼저 설명할 꿈은 낮 동안 혹은 잠을 자는 동안 해결하지 못한 소원이 만들어내는 '소원 꿈'이다. 사람들이 뭔가를 간절히 바랄 때 꿈에서나마 보고 싶다고 말하는데 이렇게 만들어진 꿈이 바로 '소원 꿈'이다.

예를 들어 아주 소중한 사람이 갑자기 죽어서 너무 슬퍼하면 꿈에 그 사람이 나타나는 경우가 많다. 또 어떤 물건을 몹시 갖고 싶어하면 꿈에서 그것을 선물로 받아서 즐거워하기도 한다. '소원 꿈'은 현실의 좌절을 보상해주는 경우가 많다. 이루지 못한 소원이 만드는 꿈을 보면 그 꿈을 꾸는 이유도 쉽게 알 수 있다. 바로 아쉬움과 아쉬움이 주는 긴장이다. 현실에서 간절히 바라는 소원이나 소망충족 꿈도 몇 개로 분류해서 설명할 수 있다.


## '편의를 위한 꿈'

우리는 여러 이유로 잠을 깨야 할 때가 있다. 예를 들어 너무 갈증이 심하거나 오줌이 마렵다면 잠에서 깨어나 생리욕구를 해결해야 한다. 또 아침에 학교에 가기 위해 몸이 피곤하지만 자명종 소리를 들으면 꿈나라에서 나와야 한다. 이렇게 외부나 내부로부터 오는 여러 자극은 잠을 방해하고 우리를 괴롭힌다.

이럴 때 조금이라도 더 잠을 자기 위해 꿈을 통해 문제를 해결하는 것을 '편의를 위한 꿈'이라고 부른다. 예를 들어 목이 마르면 계속해서 시원한 물을 마시는 꿈을 꾸면서 갈증 때문에 일어나야 하는 상황을 조금이라도 늦추려 한다.

프로이트는 그가 인턴으로 근무하던 시절 동료가 꾼 '편의를 위한 꿈'을 이야기한다.

이 친구는 병원근처에서 하숙을 하면서 아침에 늦지 않게 자기를 깨워달라고 주인아줌마에게 부탁했다. 아침에 주인 아줌마가 이 친구를 깨우기 위해 병원에 갈 시간이라고 소리를 지르는 순간 꿈을 꾸었다. 꿈에서 이 친구는 병실에 누워있고 침대 머리맡에는 자신의 이름이 쓰인 명찰이 붙어 있다. 이 친구는 "지금 내가 병원에 누워 있으니 출근할 필요가 없군" 하고 생각하면서 안심하고 계속 잠을 잤다. 이 친구의 더 자고 싶은 마음이 이런 타협적인 꿈을 만들었다는 것을 아주 쉽게 이해할 수 있다.

이런 종류의 '편의를 위한 꿈'은 우리도 종종 경험한다. 예를 들면 추운 곳에서 잠을 자면 꿈속에서 아주 따뜻한 침대에서 편안히 자는 꿈을 꾼다. '편의를 위한 꿈'은 잠을 깨우려는 강한 자극과 계속 자고 싶은 욕구의 투쟁을 잘 보여준다. 물론 '편의를 위한 꿈'을 꾸는 것이 무한정 우리의 욕구를 달랠 수는 없지만 꿈 덕분에 우리는 조금이라도 더 잘 수 있다.

어떤 의미에서는 모든 꿈이 '편의를 위한 꿈'이라고 말할 수 있다. 꿈은 현실과 나의 욕망이 만드는 갈등이나 나를 괴롭히는 자극을 피하기 위한 절충이기도 하기 때문이다.

## 의식적 '소원 충족 꿈'

낮 동안 어떤 소원을 이루지 못하면 꿈에서 그것이 실현되기도 한다. 이럴 때는 잠을 자면서 잠꼬대를 하곤 한다. 프로이트의 막내딸 안나가 세 살 때 속이 좋지 않아 하루 종일 음식을 먹지 못한 적이 있다. 먹기만 하면 토해서 금식을 시킬 수밖에 없었다.

어린 것이 무척 배가 고팠는지 안나는 잠을 자면서 서툰 말로 "안나 프오이트, 따(ㄹ)기, 산딸기, 오므(ㄹ)렛, 빵죽" 하고 잠꼬대를 계속했다. 아마도 안나는 꿈속에서 낮에 먹지 못한 음식을 먹고 있는 것 같다. 여기서 딸기가 두 종류나 들어 있다. 안나 엄마와 아빠인 프로이트가 아무래도 딸기 때문에 아이가 체한 것 같다고 말을 했는데 이 말을 들은 아이는 꿈속에서 특별히 딸기에 대한 서운한 마음을 표현한 것이다.

안나의 꿈 재료로 사용된 것은 두말할 필요 없이 배고픔이 주는 신체적 자극과 음식을 주지 않는 부모에 대한 서운한 마음이다. 이런 꿈 재료는 낮에 생겼는데 어떤 사정으로 충족하지 못한 소원이 꿈을 통해서라도 그것을 실현하려는 힘을 잘 보여준다.

## 억압된 '소원 충족 꿈'

반면에 어떤 소원은 낮에 충족되지 못한 것이 아니라 배척되어 무의식으로 밀려난 것도 있다. 이런 소원도 위장된 모습으로 자신을 드러내면서 목적을 이룬다. 프로이트가 제시한 또 하나의 예를 보자.

아주 비꼬기를 좋아하는 어떤 부인이 있었는데 자신보다 나이가 적은 친구가 약혼을 했다. 다른 사람들이 이 부인에게 약혼한 남자를 잘 알고 있는지, 그 남자를 어떻게 생각하는지 계속해서 물어봤다. 사실 이 부인은 자기 친구의 약혼자가 별 볼일 없는 '평범한 사람'이라고 말하고 싶었지만 예의상 맘에도 없이 그 남자를 극구 칭찬했다. 만약 자신이 "그 남자 별로예요"라고 솔직히 말하면 친구가 화를 내면서 자신을 비난할 것을 알았기 때문이다.

이때 억압한 '평범한 사람'이라는 생각은 한 다스(12개)라는 말로 꿈에 나타난다. 이 부인은 꿈에서 똑같이 사람들에게 질문을 받았다. 그런데 꿈에서는 낮과 다르게 대답을 한다. 그 남자가 어떤 사람이냐고 물으면 '12라는 숫자로 말하면 된다'고 대답을 한 것이다. 한 다스(12개)란 단어를 통해 그 사람은 결국 '평범한 사람'이라는 속내를 드러낸 것이다.

꿈에서는 속마음이 이렇게 직접 나타나기도 한다. 이런

것이 바로 낮 동안 억압된 것이 만들어내는 소원 성취 꿈이다. 그런데 낮이 아니라 아주 어린 시절에 억압한 무의식적 기억들은 다른 방식으로 꿈에 나타난다. 어쨌든 꿈의 본질은 무의식에서 올 때가 많지만 꿈은 어떤 식으로든 해결하지 못한 소원 때문에 발생한다는 것만 확실히 기억하자.


## 신체적 자극이 상징의 차원으로 바뀌는 장면


다음 그림은 한 예술가가 잠자는 동안 발생하는 자극(소변)과 잠을 자고 싶은 마음(피곤함)이 얼마나 치열하게 싸우는지를 재치 있게 그린 그림이다.

꿈에서 꼬마는 오줌이 마렵다고 보모에게 도움을 청한다. 보모는 소년이 길모퉁이에서 오줌을 싸게 하는데 이 장면은 신체자극을 꿈의 상징으로 바꾸는 과정이다. 물줄기가 점점 커지듯이 신체적 자극이 커지고 있다. 나룻배, 곤돌라, 돛단배, 큰 기선처럼 갈수록 커지는데 이것은 점점 참기 힘든 소변욕을 상징한다. 마침내 〈그림 1〉의 마지막 칸에서 보모가 깨어나는데 꿈은 이런 식으로 전개된다.

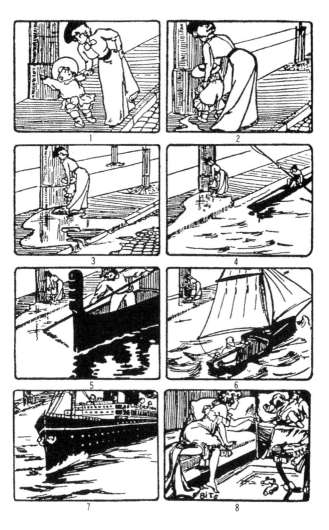

〈그림 1〉 프랑스인 보모의 꿈 (『꿈의해석』 436쪽)

# 제7장 꿈의 종류:
## 망각한 과거 기억이 만드는 꿈

이제 시간적으로 가까운 날이 아니라 까맣게 잊은 것 같지만 계속해서 반복되는 과거 기억흔적과 환상이 만들어내는 꿈을 살펴보자.

과거로부터 오는 꿈은 주로 유아기 오이디푸스 콤플렉스와 연관이 많다. 다시 말해 부모에 대한 사랑과 미움의 복잡한 감정에 얽힌 추억과 갈등이 이런 종류의 꿈을 만든다. 프로이트는 자신이 반복해서 꾼 꿈을 분석하면서 그 자신의 무의식에 남아 신경증 증상을 만드는 억압된 생각들의 정체가 무엇이고, 어떻게 그런 기억들이 다양한 꿈속에서 서로 연결되면서 재현되는지 설명했다.

프로이트는 주로 어머니와 관련된 꿈을 어린 시절 많이 꾸었다고 고백한다.


## 어머니에 대한 어린 시절의 꿈


"어머니가 죽은 것처럼 평화롭게 잠들어 있는데 두세 명의 사람들이 어머니를 방으로 옮겨서 침대에 눕히고 있습니다. 그런데 어머니를 옮기는 사람들 입이 새의 부리 모양이었습니다. 나는 너무 무서워 꿈에서 깨어났습니다(『꿈의해석』, 673쪽)."

꿈에서 깨자마자 어린 프로이트는 어머니 침실로 달려가 엄마가 살아 있음을 확인한 후 품에 안겨 울었다. 대략 7~8세에 꾼 이 꿈은 프로이트가 자기 엄마에게 성적 흥분과 질투를 느끼던 더 어렸을 적 기억 때문에 만들어진 것이다. 그가 세 살 때 어머니, 동생과 셋이서 기차여행을 했다. 좁은 객실 안에서 어머니가 옷을 갈아입었는데 이때 어머니의 알몸을 보고 흥분했던 기억이 어렴풋이 남아 있다. 물론 이것은 실제 기억이 아닐 수 있고 단지 그의 유아기 욕망이 만들어낸 환상적 장면일 가능성이 크다.

하지만 중요한 것은 프로이트가 늘 엄마의 사랑을 독차지하기 위해 어린 나이에 애를 많이 태웠다는 사실이다. 어머니가 아버지와 결혼할 때 이미 어머니 나이 또래의 이복형이 있었고 어린 프로이트는 늘 엄마와 이복형이 서로 사랑을 할까봐 조바심을 낸 것이다. 아마 아버지나 이복형이 아니라 자기만 엄마를 안고 엄마와 애인처럼 자면서 엄마의 사랑을 독차지해야 한다고 생각한 것 같다. 엄마에 대한 이런 유아기 집착과 질투가 환상을 만들 수도 있다는 것을 이 꿈은 보여준다.

그 후 프로이트는 기차여행에 언제나 두려움과 흥분을 동시에 느꼈고, 기차역에 대한 꿈도 자주 꾸었다. 위의 꿈은 정확히 그가 품은 오이디푸스 욕망, 즉 어머니에 대해 성애를 느끼는 은밀한 욕망을 보여준다. '새'라는 말은 독일어 문화에서 주로 성기나 성교를 상징한다. 독일어에서는 새(Vogel)와 성교하다(vögeln)라는 단어의 발음이 아주 유사하기 때문이다. 새의 머리 모양을 하고 커다란 성기를 달고 있는 그림은 성경의 삽화에도 등장한다.

위의 꿈은 그가 일곱 살 이후 본 것으로 기억하는 어머니와 아버지의 성교 장면도 떠오르게 한다. 그때 프로이트는 무심코 오줌을 싸서 아버지에게 혼이 났는데 아마도 어린 나이에 어머니를 안고 있는 아버지에게 질투를 느끼면서 성교를 방해하고 싶었던 것 같다. 어머니는 언젠가 동네 노파가 어린 프로이트를 보고 "이 아이는 반드시 위대한 인물이 될 거야"라고 말했다며 프로이트를 끔찍하게 위해주었다. 그리고 프로이트가 성장한 후에도 언제나 "황금 같은 아들"이라고 그를 부르곤 했는데 이런 태도가 어머니에 대한 프로이트의 집착을 크게 만들었다고 할 수 있다.

## 아버지에 대한 꿈

다음에는 아버지와 얽힌 꿈이다. 어머니에 대한 꿈이 주로 사랑의 감정이나 성적 기억을 표현한다면 아버지에 대한 꿈은 질투심과 죄의식을 잘 보여준다.

아버지가 돌아가셔서 장례식을 치르기 전날 밤 프로이트는 꿈에서 인쇄된 종이를 보았다. 그 종이는 마치 포스터처럼 생겼는데 거기에는 "두 눈을 감으시기 바랍니다" "한쪽 눈을 감으시기 바랍니다"라고 적혀 있었다. 이 문구는 아버지의 장례식을 너무 약소하고 소박하게 치렀기 때문에 혹시 아버지가 서운해 하지 않을까 하는 죄스런 마음을 표현한다. 다시 말해 자식이 좀 부족하지만 눈감아 달라고 아버지에게 부탁하는 것이다. 또 다른 의미는 죽은 아버지의 눈을 감기면서 이제 아버지를 편히 보내드리려는 마음이기도 하다.

이처럼 프로이트가 본 문구는 오래전부터 갖고 있는 아버지에 대한 이중 심리를 잘 요약해준다. 사실 아버지가 죽은 후 프로이트는 왠지 모를 초조감과 죄의식이 생기면서 심지어는 죽을지도 모른다는 공포심까지 느꼈다. 이러한 감정의 뿌리를 캐들어가면서 프로이트는 자신이 아버지에게 사랑과 미움의 감정을 동시에 가지고 있다는 사실을 발견할 수 있었다.

오이디푸스 콤플렉스는 프로이트 자신에 대한 자가 분석의 결과로 나온 것이다. 프로이트는 아버지를 존경하고 사랑했지만 실망을 하거나 화가 났던 때도 많았는데 아버지가 막상 죽으니 그 모든 감정이 죄책감이 되어 번뇌하면서 꿈까지 꾸게 한 것이다.

프로이트는 언제나 이탈리아와 로마를 동경하고 무척이나 가보고 싶었지만 어쩐 일인지 두려움이 많았는데 그것은 아버지에 대한 추억 때문이다. 그가 아주 어렸을 때 아버지는 프로이트를 데리고 산책하며 자신의 젊은 시절 이야기를 해주었다.

아버지가 젊었을 때 멋지게 옷을 차려입고 새로 산 털모자까지 쓴 후 시내에서 산책을 하고 있었다. 그때 한 사람이 다가와 갑자기 아버지의 모자를 벗겨 차도에 내던지면서 "이 유대 놈아, 인도에서 비키지 못해"라고 소리쳤다. 프로이트는 "그래서 아버지는 어떻게 했어요"라고 물었는데 아버지는 아주 태연하게 "나는 차도로 내려가 모자를 주워 들고 가던 길을 갔단다"라고 대답했다.

아버지는 키도 크고 듬직했지만 이 순간 이후 프로이트는 너무 실망을 해서 갑자기 아버지가 싫어졌다. 대신 그의 마음속에는 로마와 싸운 한니발이 새로운 영웅으로 자리 잡았다. 유대인은 한니발이 유대인의 혈통이라고 믿었기 때문에 프로이트는 한니발처럼 위대한 인물이 되어 아버지가 당한 치욕을 갚고 싶었다.

그가 남보다 더 이름을 떨치려고 애썼고, 로마를 언제나 보고 싶어했으면서도 가지 못한 것은 로마 입성에 끝내 실패한 한니발이 자기 운명을 대변하는 사람이라고 생각했기 때문이다. 프로이트는 로마에 가는 꿈을 네 번이나 꾸면서도 오랫동안 로마에 가지 못했다.

한니발에 대한 '동일시'는 아버지에 대한 실망에서 비롯되었지만 어렸을 적 아버지에게 들은 꾸중에 대한 반감도 큰 역할을 했다. 프로이트가 아버지와 어머니의 성교를 목격하고 바지에 오줌을 싸자 아버지는 그를 못난 놈이라고 혼냈는데 이 기억이 아버지에 대한 복수심을 불러일으켰다. 하지만 자기분석을 하면서 프로이트는 그가 또 한편으로는 아버지를 불쌍히 여기고 존경하고 있다는 것을 발견했다. 프로이트가 숭배한 한니발은 그가 바라는 이상화된 아버지의 모습이기도 하다. 아버지 장례식 전날 꿈에서 본 글귀 "두 눈을 감으시기 바랍니다"는 이러한 이중적 심리가 죄책감 형태로 프로이트를 자극했기 때문에 나타났다.

아버지, 어머니에 대한 유아기의 성적 소망과 이중의 감정은 결국 억압되지만 무의식 속에 남아 현재의 기억과 결합되면서 계속해서 꿈으로 나타난다.

이처럼 프로이트는 신경증 원인이 유아기 기억에 있다는 것을 발견하면서 아버지와 완전히 화해할 수 있었으며 이후에 로마에도 갈 수 있었다.

이렇게 그의 경험에서부터 끌어낸 유아성욕이론은 아이가 심리적으로 갈등하다가 원초적인 성애의 감정을 억압하면서 결국은 아버지나 어머니에게 '동일시'하고 남자·여자라는 성적 정체성을 갖게 되는 사건이다. 결국 프로이트는 우리 모두가 무의식적 기억 속에서 언제나 오이디푸스였다고 말한다.

# 제8장 꿈의 종류:
## 현재 자극과 무의식이 만드는 꿈

앞에서 꿈은 잠자는 동안의 의식 활동이라고 이야기했다. 우리 두뇌는 신비해서 수면 중에도 활동하고 외부에서 오는 자극에 반응하기도 한다.

델뵈프가 쓴 『수면과 꿈』이라는 책에는 이런 사례들이 많다. 하나의 예로 잠자는 사람의 입술과 코끝을 깃털로 간질이면 끔찍한 고문을 당하는 꿈을 꾸며, 촛불을 가까이 대면 더운 날씨나 더위와 관련된 꿈을 꾼다고 한다. 모리라는 사람은 단두대에서 머리가 잘리는 꿈을 꾸었는데 깨어보니 실제로 침대 선반이 목뼈위에 떨어져 있었다.

이렇듯 우리 몸이 받는 신체 자극은 꿈의 이미지로 바꿔면서 체험된다. 그런데 우리 마음이 느끼는 자극은 외부자극 못지 않게 중요한 역할을 한다. 극도의 슬픔·후회·죄책감·두려움을 계속 느끼는 상태라면 이런 것은 심리적 긴장으로 뇌를 자극하면서 꿈의 이미지를 만든다. 다음 예로 드는 꿈은 이러한 작용을 아주 분명하게 보여준다.

## 불타는 아이의 꿈

어떤 아버지가 열병에 걸린 아이를 며칠 동안 잠도 못 자고 정성껏 간호했지만 결국 죽었다. 이 사람은 아이가 죽은 후 잠시 휴식을 취하기 위해 한 노인을 고용해 아이의 시체를 지키게 했다. 아이의 시체는 여러 개의 촛불로 둘러싸인 채 눕혀 있었고, 아버지는 이것을 볼 수 있도록 문을 열어둔 채 바로 옆방에 누워 쉬다가 깜박 잠이 들었다.

아버지는 꿈을 꾸었는데 죽은 아이가 자신의 팔을 붙잡고 원망스럽게 말을 한다.

"아빠는 내가 불에 타는 것이 보이지 않아요?"

그는 퍼뜩 잠에서 깨어 시신이 안치된 방에서 불빛이 비쳐 나오는 것을 보고 놀라 달려갔다. 노인은 잠들어 있었고, 촛불이 넘어져 사랑하는 아이의 옷에 옮겨 붙으면서 한쪽

팔이 타고 있었다(『꿈의해석』, 593쪽).

왜 이 꿈을 꾸게 되었는지 간단히 설명할 수 있다. 아버지는 노인이 시체를 잘 지킬지 걱정하며 옆방에 누워 있었을 것이고 아들을 생각하며 뒤척이다 잠이 들었다.

그러다 옆방에서 촛불이 넘어져 아들 옷에 불이 붙자 불빛과 뭔가 타는 냄새가 열린 문을 통해 아버지의 감각을 자극했다. 아버지는 자고 있었지만 뭔가 불타고 있다는 느낌을 받으면서 그러한 외적 자극이 아이가 꿈에 나타나 아빠를 질책했다고 보면 된다.

이것은 전형적인 심리학적 설명이기도 하다. 의식의 활동이 약해지기는 했지만 여전히 최소한의 주의를 기울이고 있다는 것이다. 하지만 이 꿈에서는 외적 자극보다 심적 자극, 즉 무의식적 죄책감이 더 핵심 역할을 한다.

사랑하는 아이가 죽자 아버지는 아이를 몹시 그리워하고, 동시에 잘 치료해주지 못해 죽게 했다는 죄책감 속에서 잠이 들었다. 무척 괴롭고 지친 마음이 아이를 꿈에 불러내는데 꿈에서 사랑하는 아이를 생전처럼 반갑게 만나면서 아버지는 잠시나마 잠을 잘 수 있게 된다.

아이가 자기 팔을 붙잡은 것이나 자신에게 말을 한 것은 다시 아이가 살아 돌아와 예전처럼 자신에게 말을 건넸으면 하는 소원이 만든 장면이다. 우리가 사랑하는 사람을 잃으면 꿈에서 자주 보게 되는데 이것이 심리적 자극이다.

그런데 여기서 아이가 아버지를 비난하면서 화가 나서 하는 말 "내가 불에 타는 것이 보이지 않아요"가 중요하다. 이 말은 두 가지 의미를 동시에 지닌다.

하나는 아이가 지금 옆방에서 불에 타고 있다는 말이다. 빨리 깨 불을 끄지 않으면 사랑하는 아이의 시체가 훼손될지 모르니 어서 일어나 조치를 해야 한다. 깨어 있을 때 혹시 불이 나면 어쩌나 하는 걱정이 이 말을 만들어냈다.

그리고 또 하나의 의미는 아이가 열병으로 사망한 과거 상황을 지시한다. 아이는 은유적으로 보면 열병, 즉 불에 타서 죽었다. 아이의 비난은 아버지가 아이를 지켜주지 못했기 때문에 미안해하는 마음이 거꾸로 표현된 것이다.

이미 열병으로 한번 불에 타서 죽은 아이가 또다시 불에 타고 있으니 자신은 정말 무능한 아버지처럼 느껴지는 것이다. 이것은 아버지의 마음 깊숙한 곳에서 아버지를 괴롭히고 있는 죄책감의 작용이다. 이러한 심리적 자극이 최초 원인이 되고 잠자는 아버지가 느끼는 신체적 자극과 결합되면서 불타는 아이의 꿈을 만들어냈다. 이처럼 우리 마음은 과거의 무의식적 감정과 현재의 자극이 함께 작용하는데 꿈에서는 이런 모습이 영화나 연극처럼 나타난다.

심리적 자극의 원인이 되는 무의식이 만드는 꿈의 예를

하나 더 보자.


## 자신이 죽은 것을 알지 못하는 아버지의 꿈


어떤 청년이 아버지가 병석에 눕자 열심히 간호했지만 결국 아버지는 세상을 떠났고 애통해하던 이 청년은 꿈에 아버지를 본다.

"아버지는 다시 살아나 이 청년과 다정하게 얘기를 나눈다. 그러나 청년은 아버지가 벌써 돌아가셨다는 것을 안다. 단지 아버지만 그것을 알지 못하고 있다(『꿈의해석』, 506쪽)."

마치 영화의 한 장면처럼 죽은 사람이 유령으로 돌아왔지만 아버지만 본인이 죽은 것을 알지 못하고 있다. 좀처럼 현실에서는 보기 힘든 황당하고 부조리한 내용이 이 꿈의 장면을 이루고 있다. 이 꿈은 내용 자체가 아니라 청년의 무의식 속에 있는 갈등이 만들어낸 전형적인 심리적 꿈이다. 꿈속에서 아버지의 죽음을 청년이 안다는 것은 자신의 평소 소원이 그대로 표현된 것이다.

아들은 아버지가 질병으로 너무 고생하는 것을 보면서 안타까운 마음에 아버지가 빨리 죽어 그 고통에서 벗어나기를 바랐기 때문이다. 그러나 막상 아들의 소원처럼 아버지가 죽자 자신이 그런 생각을 해서 아버지가 죽은 것 같은 자책감을 느낀다. 결국 무의식적인 죄의식에서 벗어나려는 속마음이 아버지 자신이 죽은 것도 모르고 청년이 아버지의 죽음을 바랐다는 사실도 모르는 그런 장면을 만든 것이다. 다시말해 아버지는 꿈에서처럼 이미 죽은 상태에서 아무것도 몰라야 한다.

여기서도 아버지에 대한 복합적인 감정과 갈등이 잘 표현되어 있지만 평상시에는 그것을 잘 의식하지 못하기 마련이다. 이런 갈등이나 이율배반적인 심리가 드러나지 않도록 꿈 작업이 이루어지면서 위의 꿈처럼 다소 엉뚱한 내용이 전개되는 것이다.

### 부조리한 꿈의 진실

이렇게 본다면 꿈-사고 자체는 부조리 하지 않으며 오히려 욕망의 진실을 말한다. 그러나 꿈-사고가 드러난 꿈 내용으로 바뀌면서 이해가 되지 않거나 부조리하게 보는 경우가 많으므로 모든 꿈은 언제나 뒤집어 생각할 필요도 있다.

또 하나의 예를 들자면 프로이트는 스승인 브뤼케 교수를 꿈에서 만났다. 아주 늙어버린 교수는 자기 골반을 가지고 표본을 만들어 제출하라는 엉뚱한 과제를 내준다. 평상시에 이런 일을 겪는다면 교수가 미쳤다고 생각하거나 공포심을 느껴야 마땅하지만 전혀 그렇지 않았다. 꿈에서는 감정이나 상황에 대한 반응이 평상시와 너무 다른 경우가 많기 때문이다.

이 꿈을 꾼 당시 프로이트는 꿈에 관한 책을 완성했지만 인쇄를 미루고 있었다. 『꿈의해석』에는 그 자신의 꿈도 많이 포함하고 있기 때문에 책이 나온다는 것은 자기분석이 마무리되었다는 뜻이기도 하다. 자기분석과 출판은 고통스럽지만 빨리 끝내야 하는데 이것이 골반을 가지고 표본을 만든다는 이미지의 숨은 뜻이다. 내 뼈를 보여주듯 모든 것을 해부해야하기 때문이다. 오히려 이 꿈을 통해 빨리 꿈에 관한 작업을 끝내려는 소망이 나타나기에 공포를 느끼지 않는 것이다. 이것이 부조리한 꿈이 가지는 진실이다. 부조리한 꿈일수록 무의식의 소원과 연관된 경우가 많다.

# 제9장 꿈의 종류: 자기처벌 꿈과 불안 꿈

　지금까지 꿈은 평소 바라는 소원을 들어주고 수면을 보호하는 것이 그 기능이라고 설명했다. 꿈이 소원을 이뤄주는 마법사 같다면 우리는 꿈을 꾸는 동안은 살면서 겪는 스트레스나 염려를 잊고 잠시나마 행복을 누릴 수 있다. 현실에서는 불가능하지만 하늘을 날거나 초능력자가 될 수도 있고, 엄청난 부자가 되어 평소 누리지 못한 사치를 누려볼 수도 있다.

　그런데 가끔은 식은땀이 날 정도로 무서운 악몽을 꾸거나 두 번 다시 마주하기 싫은 잊고 싶은 힘든 기억을 꿈속에서 다시 경험하는 경우도 있다. 마치 영화 〈나이트메어〉에서 악

당 프레더릭이 아이들 꿈속을 찾아와 닥치는 대로 아이들을 죽이는 것처럼 말이다. 영화에서 프레더릭이 휘두른 칼에 맞은 아이들은 자다가 그냥 죽는다. 이런 불안 꿈은 오히려 우리를 괴롭히는데 그렇다면 우리는 이런 꿈을 어떻게 이해해야 할까?

## 자기처벌 꿈

가상의 예를 들어 보자. 영수는 화장실 앞에서 우연히 5만 원짜리 한 장을 발견했다. 잠시 망설였지만 주위를 둘러보다 재빨리 돈을 주머니에 넣고 서둘러 화장실을 떠났다. 큰돈을 주운 기쁨은 잠시고 자꾸 불안한 마음이 들어 쉬는 시간에 다시 화장실에 가보았더니 친구 철수가 거의 울상을 한 얼굴로 서성대며 뭔가 찾고 있었다.

"뭐 잃어버렸니? 철수야."

영수는 아무 일 없다는 듯 물어보았다.

"체육복 값 내라고 어머니가 주신 돈을 잃어버렸어. 화장실 오기 전까지 주머니에 있었던 것 같은데… 아! 어떡하지? 5만 원이나 되는데. 큰일 났네. 엄마한테 뭐라고 하지."

영수는 자기가 주운 돈이 철수가 잃어버린 돈이라는 사실을 알자 갑자기 갈등이 생겼다.

'아! 그 돈이 철수 돈이었구나. 돌려줘야 하나? 5만 원이면 엄청난 돈인데… 내가 돈을 가지고 있는 줄 아무도 모르고… 그래도 철수 생각하면… 어쩌나' 하고 갈등을 하다 결국은 돈 욕심에 시치미를 떼고 불쌍한 철수를 두고 그 자리를 떠났다.

그날 밤 영수는 꿈을 꾸었는데 또다시 화장실에서 5만 원을 줍는 꿈이다. "어! 돈이 떨어져 있네." 잠시 망설이다가 돈을 주워 그 자리를 떠났다. 교실에 들어가니 철수가 갑자기 화난 얼굴로 영수에게 덤벼든다.

"네가 내 돈을 훔쳤지? 어서 내놔."

"무슨 소리야. 네 돈을 왜 나한테 찾아."

영수는 철수를 밀치고 교실을 나와 서둘러 운동장 쪽으로 뛰었다.

"야, 거기 서지 못해 이 도둑놈아!" 철수가 소리를 지르며 쫓아오고 영수는 "난 아무것도 몰라." 변명하며 도망간다. 하지만 발이 잘 떨어지지 않고 땀만 잔뜩 난다.

"이러다 잡히겠다. 왜 이렇게 다리가 움직이지 않는 거야." 혼자 생각하는 순간 뭔가 머리를 세게 치는 느낌이 들어 "아이쿠" 하며 눈을 뜬다.

영수의 온몸은 땀에 흠뻑 젖었고 뒷머리가 몹시 아프다.

"아! 꿈이었구나. 그래도 너무 생생하네."


## 초자아와 자아의 갈등


영수의 꿈은 불안 꿈의 전형적인 예다. 영수의 꿈은 달콤하게 잠을 잘 수 있도록 해주기는커녕 영수를 몹시 괴롭게 하지만 이것은 꿈의 책임이 아니다.

앞에서 꿈은 잠자는 동안 낮에 경험한 기억흔적이 무의식으로 옮겨지면서 만들어진다고 말했다. 이때 낮 동안 해결하지 못한 소원뿐 아니라 마음의 갈등이나 해결해야 할 감정도 꿈의 재료가 될 수 있다.

영수의 경우에는 돈을 둘러싸고 벌어지는 자아와 초자아의 갈등이 꿈에서 재현된 것인데 철수가 초자아 역할을 하고 있다. 자아가 스스로를 외부 환경에서 보호하는 기능을 한다면 초자아는 양심과 도덕을 내부에서 강제하는 역할을 한다. 영수 꿈의 목적은 양심의 가책이 지속되면 스스로 힘들기 때문에 꿈을 통해 이를 처벌해서 그 괴로움에서 벗어나려는 것이다.

이것은 꿈의 한 종류인 자기처벌의 꿈이며 결과적으로 심리적인 긴장상태를 해소하기 위해 만들어진다. 우리 마음은 외부나 내부에서 오는 자극에 반응하며 그것을 수용하고 배척도 한다. 이때 마음의 각 부분이 상이한 역할을 하면서 서로 갈등하고 때로 타협한다.

영수의 경우 돈을 자신을 위해 쓰려는 자아의 욕심과 남의 돈이니 돌려줘야 한다는 초자아의 정직성이 다투면서 영수에게 괴로움을 주고 있다. 결국 영수가 감당하기 힘들 정도로 긴장이 심해지면 꿈속에서라도 자기처벌을 해서 그 압박에서 벗어나려는 것이다. 꿈에서 죗값을 치렀으니 이제 더는 시달리고 싶지 않은 마음이 자기처벌 꿈을 만든다.


## 불안 꿈

일상에서 심한 불안을 경험하고 있을 때 불안 꿈을 꾼다. 불안 꿈은 심리적 갈등이 가져오는 긴장 때문에 발생하기에 그 상황을 감정과 더불어 생생하게 보여주는 경우가 많다. 누군가에게 쫓기고, 죽을 상황에 처하고, 위협을 받거나 신체적 고통을 당하고, 무서운 것을 보는 등 끔찍한 장면과 불쾌감이 계속되는데 평소 느끼는 죄책감이나 본능을 억압할 때 생기는 불안이 원인이다. 다음은 『꿈의해석』에 나오는 어떤 소년의 불안 꿈이다.

몸이 약한 13세 소년이 불안해하면서 점점 몽상적이 되어 간다. 이 소년은 심한 발작을 하다 잠에서 깨어나는데 꿈이 언제나 생생하게 기억난다. 그는 꿈에서 악마를 보는데 악마가 자신을 보고 "넌 이제 우리에게 잡혔어"라고 소리를 치면서 꽉 잡는다. 소년은 유황 냄새를 맡으면서 자신이 불에 타는 꿈을 꾼다.

꿈에서 깨어날 때 소년은 "안 돼요. 나는 안 돼요. 나는 아무 짓도 안 했단 말이에요"라고 소리를 지른다. 어느 때는 "제발 용서해주세요. 다시는 그러지 않을게요"라고 말하며 옷을 벗으면 몸에 불이 붙을까봐 옷 벗기를 거부하기도 했다. 이런 꿈을 꾸고 깨기를 반복하면서 건강이 너무 나빠진 소년은 시골로 가 요양을 하면서 서서히 회복되었다(『꿈의해석』, 676쪽).

사실 이 소년은 자위행위를 하다가 그런 짓을 하면 무서운 벌을 받는다고 어른들에게 위협을 받은 적이 있다. 그런데 사춘기가 되고 성욕이 생기면서 자꾸 자위행위를 하고 싶어졌다. 결국 이런 마음의 갈등을 억압하면서 불안이 생겼고 이 불안감이 꿈에서 자기처벌 형태로 나타난 것이다. 꿈에서 본 악마는 교회에서 자주 들은 설교의 기억에서 만들어진 것인데 자위에 대한 죄책감을 그런 식으로 표현 한 것이다.

소년이 꿈에서 소리를 지른 것은 이와 같은 갈등 때문이다. 평소 신체적으로 허약한데다 뇌빈혈이 있었기 때문에 불안이 더 심한 신체적 증상으로 경험된 것이다. 결국 꿈이 불안을 만든 것이 아니라 심리적 갈등이 초래한 불안이 불쾌한 꿈을 만들었다고 할 수 있다.

그런데 불안 꿈도 잠재적 꿈-사고의 입장에서 보면 소원 성취인 경우가 많다. 잠재적 꿈-사고는 무의식적 기억이나 감정을 주된 내용으로 한다. 무의식은 그대로 실현되면 의식이 불쾌해 하거나 큰 수치심을 느끼기 때문에 의식에서 추방되어 억압된 생각이다. 그런데 의식은 이를 실현시키지 못하도록 검열하면서 진입을 막지만 무의식은 계속해서 꿈이나 환상을 통해 소원을 성취하려고 한다.

위에서 불안 꿈을 꾸는 원인은 사춘기에 접어들면서 커지는 자위에 대한 욕구와 그에 따른 죄책감이 소년 속에서 갈등하기 때문이다. 결국 초자아나 자아는 이를 처벌하려고 하지만 무의식의 입장, 즉 이드는 자위를 즐기기 때문에 이런 꿈을 꾼다고 말할 수 있다.

이렇듯 불안 꿈은 무의식의 또 다른 속성인 공격성이나 성적 욕망의 강렬함이 얼마나 큰가를 보여준다. 우리 마음은 언제나 대립되는 욕망의 충돌 때문에 잠시도 쉬지 않고 요동치고 있는 것이다.

# 제10장 꿈의 메커니즘: 왜곡과 망각

**친구 R에 대한 꿈**

불안 꿈은 겉보기에는 잠을 방해하고 우리를 불쾌하게 만드는 것 같지만 교묘한 형태로 무의식적 욕구를 표현하거나 갈등을 재현하면서 해소하려는 경우가 많다. 이처럼 꿈의 드러난 내용이 아니라 잠재된 꿈-사고가 무의식적 진실을 보여준다.

우리 상식이나 도덕적 가치관은 무의식적 욕망을 억압하거나 부정하는 일이 많기 때문에 잠재된 꿈-사고는 자신을 나타내기 위해 종종 위장하거나 정반대의 이미지로 표현되는데 이것을 프로이트는 꿈의 왜곡이라고 부른다.

예를 들어 우리가 평소 아는 사람이 꿈에서 전혀 모르는 사람으로 등장한다든지 내가 실제로 좋아하지 않는 행동을 즐긴다든지 이런 것이 왜곡이다. 왜곡은 꿈뿐 아니라 모든 무의식적 감정이나 생각이 검열을 피하기 위해 종종 사용하는 방법이기도 하다. 그래서 분석을 진행할 때 어떤 얘기는 정반대로 해석하면 오히려 참인 경우가 있다.

왜곡과 망각은 무의식 일반이 작동하는 법칙이기도 한데 결국 꿈-사고가 특정한 꿈의 기호나 상황으로 표현되는 관계를 분석해야 한다.

프로이트의 꿈을 통해 이러한 실례를 보자. 프로이트가 마흔한 살 되던 해 봄에 빈 대학 교수 두 명이 그를 객원교수 후보로 추천했다는 얘기를 들었다. 당시 의사들은 대학교수가 되면 환자들이 존경하고 신뢰하기에 거의 모든 사람이 교수를 꿈꾸었지만 자리가 많지 않았기에 임용이 어려웠다. 비록 객원교수지만 이미 프로이트의 친구 두 사람도 교수 후보로 추천되어 서로 조바심을 내고 있었다.

친구 N과 교수 임용에 관한 이야기를 나눈 저녁 프로이트는 꿈을 꾸었다.

"꿈에 친구 R가 나타났는데 내 삼촌이었고 나는 그에게 무척 애정을 느꼈습니다. 친구의 모습이 약간 바뀌었는데 얼

굴이 좀 길쭉하고 턱에는 누르스름한 수염이 나 있습니다
(『꿈의해석』, 180, 181쪽).”

프로이트는 처음에 이 꿈이 황당해서 웃어넘기려다가 그래도 숨겨진 의미를 찾기 위해 분석을 해보았다.


## 이미지 왜곡과 숨겨진 의미

먼저 R는 친구인데 삼촌처럼 보인다. 두 사람이 도대체 어떤 관계가 있기에 이런 일이 벌어졌을까? 프로이트의 삼촌 요제프는 돈을 벌기 위해 범죄를 저지르는 바람에 처벌받았고 아버지에게도 금전적인 손해를 끼쳤다. 형으로서 책임감 때문인지 아버지는 삼촌이 사람이 악한 것이 아니라 좀 모자란다고 두둔했다. 하지만 어린 프로이트는 삼촌을 많이 원망했다.

그런데 친구 R는 수염이 좀 비슷하기는 하지만 삼촌처럼 범죄를 저지르는 사람이 아니다. 어쨌든 서로 다른데 꿈속에서 R가 삼촌처럼 보였다면 필연적인 이유가 있을 것이다.

분석 결과 R를 요제프 삼촌처럼 좀 모자라는 사람이라고 속으로 생각했기 때문에 이런 왜곡을 했다고 결론을 내린다.

그런데 R에 대해 곰곰이 생각하다보니 다른 친구 N이 자

연스럽게 떠오른다. 뭔가 세 사람이 관련이 있는 듯하다. R 와 N 두 사람은 프로이트의 경쟁자이기도 했다. N은 어떤 여자에게 고소당해 그 일로 결국 교수가 되기 힘든 상황이 되었다.

이제 요제프 삼촌이 꿈에 등장한 것과 그 삼촌의 이미지에 두 친구의 모습이 겹쳐 보이는 게 우연이 아니라는 것은 확실해진다. 프로이트는 늘 조제프 삼촌이 범죄자에 좀 생각이 모자란 사람처럼 판단했기 때문이다.

결국 R는 생각이 좀 모자란 사람이고 N은 범죄자로 둘 다 교수가 되기에 적합하지 않으니 자연스럽게 내가 교수가 되겠구나 하는 프로이트의 기대감이 이 꿈을 만든 것이다. 꿈의 왜곡된 이미지가 그의 무의식적 소망의 참 모습을 보여 준 것이다.


## 감정 왜곡과 숨겨진 의미


다음으로 좋아하지도 않는 삼촌에게 왜 애정을 느꼈을까? 그는 삼촌에게 한 번도 다정한 마음을 느껴본 적이 없었다. 친구 R에게는 상대적으로 호감이 많기는 했지만 꿈에서처럼 그렇게 진한 애정은 아니다. 뭔가 감정이 실제보다 과

장되어 있는데 이것은 해석을 가로막기 위해서 꿈이 표현한 것이라고 프로이트는 결론을 낸다.

분석을 진행하면서 환자들이 뭔가 강하게 부정하거나 저항할 때는 숨겨진 감정이 있다는 것을 발견했는데 그 자신의 경우에도 마찬가지다. 무의식 속에는 R를 비방하고 싶고, 무능하다고 놀리고 싶은 생각이 있지만 친구에게 이런 부정적 감정을 느끼는 게 불편하기 때문에 거꾸로 애정을 갖는 것처럼 스스로 믿게 되는 일종의 방어작용이다. 이것은 거짓이 아니라 무의식이 양심을 감쪽같이 속여서 진실을 보지 못하게 만들기 때문이다.

무의식이 이처럼 꿈의 내용을 바꾸거나 속이는 것을 왜곡이라고 부르며 왜곡은 무의식의 기본적인 작동방식이다. 앞의 제4장에서 소개한 히스테리 부인의 꿈도 소원이 좌절된 것처럼 꿈을 변형해서 본래 가진 소원을 감춘 왜곡의 좋은 예다.

그런데 은밀한 무의식적 소원을 성취할 때 꿈은 왜곡 뿐 아니라 다른 방법도 활용하는데 그 가운데 하나가 망각이다. 망각이야말로 잠에서 깨어난 후 다시 의식이 지배하는 일상으로 돌아가면서 밤사이 활개를 친 무의식의 소원을 전혀 눈치채지 못하게 만드는 효과적인 방법이다.

## 꿈의 망각

잠을 깬 직후에는 꿈이 비교적 생생하지만 시간이 지나면 봄볕에 얼음이 녹듯 조금씩 사라지다가 나중에는 꿈을 꾸었나 의심될 정도다. 혹은 밤새 많은 꿈을 꾼 것 같은데 아침에는 간단한 한 개 정도의 꿈만 희미하게 기억나는 경우도 많다. 물론 자주 반복하는 꿈이나 아주 충격적인 내용의 꿈은 좀 더 오래가지만 대부분은 망각된다. 그런데 이것은 기억력의 한계 때문이 아니라 본래 무의식의 법칙에 속한다.

프로이트는 환자들의 꿈을 분석하면서 꿈이 어려울 때 한 번 더 꿈 이야기를 해달라고 부탁하기도 한다. 그러면 표현이 달라지거나 생략되는 부분이 반드시 있는데 이 부분이 오히려 꿈-사고를 풀기 위한 열쇠가 된다.

환자의 무의식은 비밀을 드러내지 않기 위해 저항하는데 이때 무의식에 접근하는 중요한 키워드일수록 별것이 아닌 것처럼 다른 표현으로 바꾸거나 빠뜨린다. 생략된 내용을 다시 물으면 환자들은 "선생님 그것은 그렇게 중요한 것이 아닙니다"라고 부정하거나 잘 기억나지 않는다고 대답한다. 이때 자유연상을 사용해서 저항을 깨뜨리면서 감춰진 꿈-사고에 조금씩 접근하면 된다.

계속해서 환자와 꿈을 분석하다보면 망각한 것처럼 느꼈

던 기억이 갑자기 떠오르는 경우가 있는데 이를 통해 망각은 우연이 아니라 무의식의 저항 때문에 발생한다는 것을 알 수 있다. 시간이 지나 저항이 약해지면 잊었던 꿈들이 완전히 생각나는 경우도 많다. 그리고 이렇게 기억으로 떠오른 꿈은 도서관에 보관된 책처럼 사라지지 않는다.

결론적으로 망각이나 왜곡을 통해 무의식이 언제나 의식에 저항한다는 것과 의식과 무의식은 서로 기억을 자기편으로 만들기 위해 싸운다는 것을 알 수 있다. 밤 동안은 무의식이 좀 더 많은 힘을 행사하면서 주인 노릇을 한다면 낮 동안은 의식이 지배자 역할을 한다. 그러나 한낮에도 희미하게 달이 보이듯 어느 한쪽이 다른 쪽을 완전히 없앨 수 없다. 이 것이 우리 마음의 오묘한 비밀이다.

# 제11장 꿈의 메커니즘:
## 꿈-사고를 묶는 압축

꿈은 무의식의 소망을 표현하기 때문에 무의식의 법칙과 작용에 의해 만들어진다. 무의식의 가장 기본적인 법칙은 압축과 전치인데 꿈뿐 아니라 농담·말실수·망각·실수 등 우리가 날마다 경험하는 다양한 심리작용을 지배한다. 압축과 전치는 의식이 도덕이나 상식의 기준을 적용해 금지시키는 검열을 피해 무의식이 자신을 표현하기 위해 사용하는 방법이다. 무의식의 소원은 보통 의식이 거북하게 여기는 감정이나 억압된 표상이 많기 때문에 그대로 표현되지 않고 반드시 우회로를 거친다. 압축의 정의를 간단히 설명한 후 꿈을 통해 그것이 어떻게 작용하는지 설명해보자.

## 압축(condensation)

컴퓨터를 사용하다 보면 압축파일이라는 게 있다. 보통 덩치가 큰 파일 여러 개를 하나로 묶어 용량을 줄인 후 보관하거나 전송에 쓰며, 쓸 때 다시 압축을 풀면 원래의 여러 파일로 분리되면서 커진다. 압축은 이와 비슷하게 이미지를 묶어서 하나처럼 만드는 과정이다. 꿈 이미지는 간단해 보이지만 여러 개의 서로 다른 이미지가 포개져 있는 경우가 많아 해석을 하다보면 내용이 훨씬 복잡해진다.

이것은 겉으로 드러난 꿈이 핵심 이미지만 살짝 보여준다는 말이 아니고 언제나 압축을 거치기 때문에 간단한 이미지가 사실은 여러 내용을 포함하고 있다는 뜻이다. 예를 들어 꿈에서 내가 한 친구를 본다면 그 이미지는 그 친구뿐 아니라 여러 사람을 동시에 나타내는 경우가 많다. 그래서 압축을 풀어야 감춰진 꿈-사고가 무엇인지 알 수 있다. 예를 보자.

## 이르마의 꿈

"나는 넓은 홀에서 여러 손님을 접대하고 있습니다. 손님

가운데 내 환자 이르마 부인이 보이기에 나는 그녀를 구석으로 따로 데리고 가 얘기를 나눕니다. '이르마 부인, 아직도 아픈 것 같네요. 내 처방대로 하지 않았기 때문입니다' 내가 나무라자 이르마 부인은 '선생님, 제가 지금 위장과 배가 얼마나 아픈지 아세요' 하고 언짢게 대답합니다.

자세히 보니 얼굴도 **창백하고 퉁퉁 부어 있습니다.** 몸에 다른 병이 있는데 혹시 내가 그것을 모르고 지난 것은 아닐까 하고 나는 걱정했습니다. 그래서 진찰을 위해 입을 벌려 보라고 말했습니다. 처음에 이르마 부인은 마치 **틀니를 낀 여자**들처럼 창피해하면서 거부하더니 입을 크게 벌렸습니다. 목 안을 보니 오른쪽에 커다란 **하얀 반점**이 보이고, 반대편에는 회색의 주름이 진 큰 딱지가 있었습니다.

나는 당황해서 급히 동료 의사 M을 부릅니다. M의 모습은 평소와 달리 **창백하고, 다리를 절었으며 턱수염도 없었습니다.** 또 다른 친구 오토와 레오폴트도 이르마를 보러 왔습니다. M이 말합니다. '아무래도 감염이 된 것 같아. 아마 별일은 아닐 거야, 이질 증상이 나타나면서 설사를 통해 병균이 배출될 거야'(『꿈의해석』, 146쪽)."

이르마의 꿈은 프로이트가 휴가를 보내던 벨뷔에서 처음으로 꿈의 비밀을 깨닫고 기뻐했던 그 꿈이기도 하다.

## 압축된 꿈 이미지

프로이트는 꿈꾸기 전날 친구 오토에게 이르마 부인의 건강 상태에 대해 들었으며 밤늦게까지 진찰기록을 정리했기 때문에 이르마 부인을 꿈에서 다시 본 것 같다고 분석한다. 하지만 그의 꿈에 등장하는 인물들은 꿈의 이미지 자체가 아니라 다른 사람들이기도 하다. 이것은 압축 때문에 가능한데 이르마의 꿈에서 굵은 글씨로 강조한 단어는 이미지들이 어떻게 연결되는지 잘 보여준다.

꿈에서 이르마의 얼굴은 창백하고 퉁퉁 부어있었지만 실제로 이르마의 얼굴은 늘 불그스름했다. **틀니를 낀 여자**의 이미지도 프로이트가 얼마 전 진찰한 어떤 여자 가정교사와 관련이 있다. 그녀는 얼굴이 예쁜 편이었지만 의치 때문에 입을 벌려보라고 하자 망설이면서 거부했다. 이르마의 이미지에는 그 여자 가정교사의 이미지가 겹쳐 있다.

또 이르마는 그가 아주 좋아하는 그녀의 친구를 대신하고 있다. 어느 날 프로이트가 그 여자 친구 집에 갔을 때 그녀는 꿈속의 이르마처럼 창가에 서 있었다. 그리고 그녀의 주치의사인 M이 그녀 입안에 호흡기 질환인 디프테리아 때문에 생긴 설태가 끼여 있다고 설명했다.

프로이트가 진찰한 이르마 입안의 반점은 이 상황을 보여주고 있다. 또 하얀 반점은 2년 전 프로이트 큰딸이 앓았던 중병의 증상이기도 한데 이렇게 보면 이르마는 그의 장녀이기도 하다. 우연히 딸아이와 같은 이름을 가진 여성 환자가 병으로 죽은 적이 있는데 이런 걱정이 꿈에서 병에 걸린 이르마의 이미지를 통해 표현된 것이다. 결국 이르마는 병 때문에 걱정하던 사람들, 프로이트와 관계된 모든 여성의 공통적 이미지를 표현하고 있다.

그렇다면 M은 왜 등장했을까? M은 이르마의 친구를 진찰한 의사이기 때문에 꿈에 등장했다. 꿈에서는 프로이트가 이르마를 진찰했지만 실제로는 M이 그녀 친구의 입속을 진찰했다. 창백하고 턱수염이 없으며 다리를 저는 친구 M의 얼굴은 외국에 있는 프로이트 이복형을 떠오르게 한다. 그 형은 턱수염을 깨끗하게 밀고 다녔으며 꿈속의 M과 비슷하게 생겼다. 최근 들은 소식으로는 관절염 때문에 다리를 전다고 한다.

결국 친구 M은 실제 친구의 이미지이자 프로이트 형의 이미지이기도 하다. 두 사람이 최근에 프로이트 부탁을 거절해서 몹시 기분이 상했는데 그러한 감정이 꿈에서 두 사람을 창백한 하나의 모습으로 보여준 것이다. 이상에서 본 것처럼 꿈의 이미지는 여러 사람의 이미지는 물론 그들과 얽힌 중요한 사건들을 동시에 암시한다. 주의 깊게 이미지에

덧붙여진 힌트를 출발점으로 분석해보면 이처럼 많은 내용을 읽을 수 있다.

## 압축의 중요성

지금 본 것처럼 겉으로 드러난 꿈은 간단하지만 거기에는 많은 무의식적 감정·소원·기억이 겹쳐 있다. 압축은 엄청나게 많은 이야기를 몇 개의 이미지로 모아서 표현할 수 있기 때문에 경제적이며, 이를 통해 의식의 검열도 피할 수 있기에 무의식이 즐겨 사용하는 메커니즘이다. 꿈을 만약 글로 쓴다면 길어야 반쪽을 넘지 않지만 진정한 소망인 꿈-사고는 그 몇 배의 내용을 담을 수 있다.

꿈 작업은 무의식의 공장에서 일어나는 압축이며, 꿈 해석은 의식이 이해할 수 있도록 압축된 꿈을 푸는 작업이다. 그런데 꿈을 해석할 때 분석가 혼자 하는 것이 아니라 환자가 자신이 본 이미지를 떠오르게 하는 다른 사건이나 이미지를 자유롭게 말하는 자유연상을 통해 공동으로 진행한다. 정신분석은 환자의 무의식이 스스로의 비밀을 말할 수 있도록 돕는다는 점에서 환자를 관찰의 대상으로만 삼는 일반 의학과는 다르다.

무의식은 보통 억압되어 의식에 들어가는 길이 차단되어 있기 때문에 자신을 드러낼 때 변형을 거치는데 이 때문에 압축이나 전치에 의존한다. 또 압축은 보통 이미지를 대상으로 하지만 단어에 대해서도 작용한다. 무의식은 언어와 사물을 구분하지 않기 때문이다. 그래서 꿈에서는 엉뚱한 이미지도 많이 보이고, 기상천외한 낱말들도 만들어진다.

예를 들어 어떤 여성 환자는 남편과 축제를 보다가 "저것은 전체적으로 '마이스톨뮈츠(Maistollmütz)'가 될 거예요"라고 말하는 꿈을 꾸었다. 이 새로운 단어도 그 자체는 뜻이 없지만 분석을 해보면 '옥수수(Mais)' '미친(toll)' '올뮈츠(Olmütz)'가 합성되어 한 단어처럼 사용되었다. 이 낱말들은 환자가 낮에 친척들과 식사하며 나눈 얘기에서 사용한 것이다. 각각의 단어는 이 환자의 감춰진 무의식을 보여주는 키워드 역할을 한다.

압축은 복잡한 무의식들을 시간과 공간을 초월해서 표현하기 위해 사용되는 것으로 무의식이 얼마나 영리하게 자신의 목적을 달성하는지를 잘 보여준다.

# 제12장 꿈의 메커니즘:
## 의식의 검열을 피하는 전치

무의식은 자신이 드러나는 것을 거부하는 성질이 있기 때문에 꿈이 무의식의 지름길이라고 해서 꿈을 보이는 그대로 해석하면 안 된다. 꿈의 이미지는 그것이 평소 연상시키는 것과 전혀 다른 내용을 암시하는 경우가 많으며, 엉뚱한 이미지를 통해 숨은 뜻을 표현하기도 한다. 이것은 이미지에 붙어 있는 감정·기억·에너지가 떨어져 나와 그것만 다른 이미지로 옮겨갈 수 있기 때문에 가능하다. 이렇게 무의식의 소원을 표현하는 감정이 다른 대상에 옮겨가서 나타나는 과정을 프로이트는 '전치(displacement)'라 부른다.

전치는 꿈뿐 아니라 신경증 증상들의 원리도 설명해준다.

예를 들어 사랑하는 사람을 때리고 싶을 때 그것을 억제하는 마음이 커지면 팔이 마비되는 현상이 나타날 수 있다. 그 사람에 대한 증오가 마비의 에너지로 바뀌면서 공격적 행동을 억제시키는 것이다. 전치는 압축과 더불어 무의식의 법칙을 잘 보여주며 특히 압축이 일어날 수 있게 도와주는 역할도 한다.

## 풍뎅이 꿈

다음 꿈은 남편에 대한 불만을 가진 부인이 꾼 꿈이다.

"그녀는 상자 속에 쌍무늬 풍뎅이 두 마리가 들어 있으며, 그대로 두면 숨이 막혀 죽을 수 있기 때문에 풀어주어야겠다고 생각합니다. 그래서 상자를 열어 보니 풍뎅이들이 축 늘어져 있습니다. 잠시 후 한 마리는 기운을 회복해 창문을 통해 밖으로 날아가지만, 나머지 한 마리는 그녀가 창문을 닫고 있는 동안 그만 문에 끼여 죽습니다. 곰곰 생각해보니 누군가 창문을 닫으라고 말한 것 같은데 갑자기 불쾌한 기분이 들었습니다(『꿈의해석』, 348쪽)."

이 부인이 풍뎅이가 죽는 꿈을 꾼 것은 어린아이들이 동물들을 잔인하게 학대하는 장면을 많이 보기도 했고 전날 책에서 이런 내용을 읽었기 때문이다. 어린이들은 풍뎅이를 거칠게 다루고 심지어는 '짓이겨 죽였다'. 이 부인의 딸도 어렸을 적 툭하면 풍뎅이나 나비의 날개를 찢어서 죽게 한 적이 있다. 곤충을 불쌍하게 여기는 감정이나 동물학대를 막지 못한 자책의 감정이 찌꺼기처럼 남아 밤에 꿈으로 나타날 수 있다. 하지만 우리는 전치를 통해 이 꿈을 꾼 부인의 속마음과 진정한 소망을 이해할 수 있다.

## 풍뎅이 꿈의 의미

이 꿈은 동물학대에 대한 가여움이나 죄책감이 아니라 남편에 대한 불만과 불화가 주된 숨은 생각이다. '풍뎅이'가 그런 기억에 얽힌 감정을 전치를 통해 표현하고 있다.

이 부인은 5월에 태어났고 결혼식도 5월에 올렸다. 그런데 5월을 뜻하는 독일어 Mai는 쌍무늬 풍뎅이의 Maikäfer와 아주 흡사하다. 결국 풍뎅이는 5월과 연관이 많은 부인의 이미지이기도 하다.

부인은 결혼 관계에서 행복을 느끼지 못하고 있는데 꿈꾸기 전날 처녀 시절 편지를 가족들에게 읽어준다. 이 편지 중에 자신을 사모했던 귀족의 편지도 있었는데 바로 이런 옛 사랑의 기억이 꿈을 만드는 동기가 된 것이다. 부인이 기억하는 한 연극 대사에 "그대는 '풍뎅이'처럼 나를 사랑하는군요"라는 말도 있다.

결국 자신의 처지를 한탄하는 마음이 풍뎅이 이미지로 표현된 것인데 축 늘어진 모습은 이런 불만과 현재 부인의 안타까운 심정을 상징한다고 볼 수 있다. 창문을 열고 닫는 것은 남편과 불화를 직접적으로 암시한다.

이 부인은 창문을 열어놓고 자는 것을 좋아했지만 남편은 창문을 닫으려고 했기 때문이다. 꿈에서 누군가 창문을 닫으라고 말한 것을 듣고 불쾌한 기분이 든 것은 이런 갈등 상황이 빚은 감정을 보여준다. 여기서 풍뎅이와 창문은 부인의 감정을 대신 전달하는 이미지 역할을 하는데 바로 이것이 전치다.

남편과 성관계가 잘 이루어지지 않은 것도 암시되고 있다. 풍뎅이를 짓이기는 것은 알퐁스 도데의 소설에 나오는 약의 제조 방법으로 남자의 발기불능을 치료하는 데 사용한다. 이 꿈은 겉으로 보면 곤충들에 대한 불쌍한 마음이지만 풍뎅이를 빗대 자신의 현재 처지와 숨은 욕망을 무의식이 표현한 꿈이다.

## 전치의 역할

전치는 위에서 말한 것처럼 어떤 이미지에 붙어있는 감정과 그러한 감정을 만드는 에너지가 다른 이미지로 이동하기 때문에 발생한다. 전치는 꿈-사고가 나타는 것을 눈치채지 못하게 만들기 위해 이용하는데 주로 평범한 이미지를 동원하여 위장한다. 이렇게 하는 이유는 꿈의 잠재된 생각이 언제나 의식을 자극하는 강력한 힘을 발휘하며 이것을 어떤 식으로든 표출해야 견딜 수 있기 때문이다.

그러나 무의식적 소원을 보여주는 이미지가 직접 표현되면 의식이 이를 억압하기 때문에 전혀 상관없는 것처럼 보이는 이미지에 그 힘을 이동시키는 것이다. 이 과정에서 하나의 이미지에 많은 감정들이 중복되어 옮겨지는 것도 가능해서 전치는 또 한편으로는 압축의 원인이 되기도 한다. 전치 때문에 의식은 꿈-사고를 전혀 눈치채지 못하고 결국 꿈-사고는 자신의 목적을 달성할 수 있다.

또한 전치는 방어 기능을 갖는다. 예를 들어 어떤 불안감이 우리를 자꾸 괴롭힌다면 그것이 주는 괴로움을 벗어나려고 해도 원인을 알 수 없기 때문에 힘든 경우가 많다. 이때 어떤 특정한 이미지에 그 불안한 감정을 전가하면서 불안을 공포심으로 바꾼다면 견디기가 쉽다. 공포에 관한 꿈을 꾸는 것이 어떻게 방어인가 의문을 가질 수 있지만 이것은 불안을 극복하기 위한 수단이다.

예를 들어 프로이트가 치료한 신경증 환자 중에 서 있는 늑대를 무서워하고 늑대에 관한 꿈을 자주 꾸는 사람이 있었다. 일명 '늑대인간'이라 불리는 남자의 꿈을 통해 전치와 방어의 관계를 잠깐 보자.


## '늑대인간'의 꿈


"겨울 밤 나는 침대에 누워 있었습니다. 그때 갑자기 창문이 열리면서 창밖의 나무 위에 늑대들이 앉아서 나를 쳐다보는 것을 보았습니다. 늑대는 6~7마리였던 것 같고 나는 엄청난 공포심을 느끼면서 꼼짝할 수 없었습니다. 꿈에 본 늑대는 아주 하얀 색깔이었는데 여우처럼 큰 꼬리를 가졌으며 귀는 무엇인가에 주의를 집중하는 개들의 귀처럼 바짝 서 있었습니다. 그래서 나는 늑대가 여우나 양치기 개가 아닐까 생각했습니다. 나는 늑대에게 먹힐까봐 소리를 지르면서 깨어났습니다."[3]

이 사람은 네 살쯤에 늑대 꿈을 자주 꾸었기 때문에 '늑대인간'이라는 별명을 붙였으며 어린 시절의 기억을 분석하면서 공포의 참 원인을 알 수 있었다. 이 꿈의 자세한 이야기는 다음 장에서 하고 여기서는 전치에 관한 것만 살펴보자. 늑대는 서양 어린이들 동화책에 자주 등장하는 동물로 아이들에게 공포의 대상이기 때문에 꿈에 나타날 수 있다. 하지만 꿈에 나타난 늑대는 무서운 동물의 이미지가 아니라 바로 아버지의 이미지를 전치로 표현한 것이다.

그가 더 어렸을 때 우연히 부모의 성관계 장면을 보았는데 이때 아버지가 입은 하얀 속옷이 강한 인상으로 남아 하얀 늑대로 표현되었다. '늑대인간'은 무의식적으로 어머니처럼 아버지의 성적 사랑을 갈망했는데 이러한 동성애 욕망이 싫었다. 그런데 아버지의 사랑을 바라는 것은 오이디푸스 콤플렉스 때문이다.

결국 아버지에 대한 성적인 욕망을 그대로 마주하기 싫었기 때문에 늑대를 무서워하는 꿈을 꾼 것이다. 여기서 전치는 공포증을 이용해서 무의식과 의식의 직접적 싸움을 회피하고 조정하는 것이다.

# 제13장 꿈의 메커니즘: 반복

반복되는 꿈은 의식에서 추방되었으나 사라지지 않는 무의식적 욕망이나 갈등을 나타내는 경우가 많다. 특히 신경증 환자들의 증상 가운데 하나는 반복되는 꿈인데 이것을 통해 무의식이 얼마나 강력한 힘을 발휘하는지 알 수 있다. 꿈은 무의식의 소원을 환상처럼 표현한다는 점에서 증상과 비슷한 기능을 한다.

위에서 말한 '늑대인간'의 꿈에서 보듯 이런 소원은 유아기의 욕망에 그 뿌리를 두고 있는 경우가 많다. 유아기의 소망은 성인이 되면 그것이 실제로 있었는지 기억도 나지 않지만 여러 증상이나 꿈을 통해 그 핵심적인 감정과 아쉬움을 되풀이한다. '늑대인간'의 꿈을 더 자세히 설명하면서 반복의 이유와 반복되는 소망이 무엇인지 분석해보자.


## '늑대인간'의 꿈과 반복 이미지


'늑대인간'의 꿈에서 볼 수 있는 이미지들은 어려서 들은 늑대에 관한 많은 이야기들의 산물이다. 예를 들어 「늑대와 일곱 마리 아기염소」에서 숫자 일곱이 꿈에서 6~7이라는 늑대의 숫자를 만들었고, 늑대가 염소를 속이기 위해 발을 하얗게 칠해서 내민 것이 하얀 늑대의 이미지로 나타났다. 원래 하얀 늑대는 이 세상 어디에서도 찾아 볼 수 없지만 꿈은 이미지의 흔적을 모아 현실에 존재하지 않는 이미지를 환상처럼 만드는 재주를 가졌다.

나무 위에 올라가 있는 늑대는 어려서 할아버지에게 들은 「양복장이와 꼬리 잘린 늑대」의 기억에서 왔다. 양복장이가 어느 날 방안에 들어온 늑대를 쫓으면서 그 꼬리를 잡아 뺐는데 그 후 들판에서 늑대를 만나자 나무 위로 올라가 피했다는 이야기다. 늑대가 잡아먹을까 무서워한 것은 「빨간모자」 이야기에서 늑대가 할머니를 잡아먹은 얘기에서 왔다. 그러나 꿈을 이렇게 예전의 기억이나 우리가 아는 상징으로

만 이해하면 꿈이 전하려는 진짜 중요한 내용을 놓칠 수도 있다. 여기서 반복되는 가장 중요한 소망이나 기억의 진짜 내용이 도대체 무엇인지 파악해야 한다. 그래야 꿈이 증상이며 무의식적 소원의 반복이라는 사실을 정확히 이해할 수 있다.

## 꿈이 말하는 진실: 유아기 성적 경험

'늑대인간'은 스무 살이 넘어서 본격적인 신경증 치료를 시작했다. 비록 성인이 되었지만 '늑대인간'은 어릴 적 꿈에서 벗어나지 못한다는 점에서 유아기 성적 욕망의 지배를 받고 있다고 말할 수 있다. 이때 꿈 못지않게 중요한 것이 꿈에 얽힌 기억의 성격이다. '늑대인간'은 자기가 부모의 성관계 장면을 보았다고 말했지만 이것은 두 살 이전에 일어난 일이라 실제 사건이 아니라 자기가 만든 환상에 더 가깝다. 심리학 연구에 따르면 과거 기억은 실제 체험한 일도 있지만 나중에 자기도 모르게 만들면서 믿기 시작한 가짜 기억도 많기 때문이다.

그러므로 '늑대인간'의 기억은 환상이라 부를 수 있고, 꿈과 그 성격에서 크게 다르지 않다. '늑대인간'은 두 살 위의 누나가 있었는데 누나는 '늑대인간'과 성적 놀이를 하면서 최초로 자극을 준 사람이다. 누나가 화장실에서 서로 엉덩이를 보여주자고 유혹하며 어린 동생을 흥분시켰기 때문이다.

'늑대인간'은 조숙한 누나가 부모의 사랑을 방해할까 질투심을 느끼면서도 누나에게 묘한 성적 감정을 느낀 적이 많다. 어머니가 장이 안 좋아 고생했고, 아버지도 우울증으로 요양소에 있었기 때문에 누나와 보모가 어머니의 역할을 했다.

또 집에는 하녀가 있었는데 어느 날 하녀가 엎드려서 바닥 청소하는 것을 보고 오줌을 싸기도 한다. 하녀가 엎드린 자세는 '늑대인간'이 기억하는 부모의 성행위 장면에서 엄마 모습이기도 하다. 세 살쯤에는 고추를 만지고 놀다가 보모에게 엄청 혼이 났는데 이것이 나중에 처벌로 거세를 당하면 어떡하나 걱정하는 불안감의 원인이 된다. 비록 '늑대인간'이 성적으로 조숙했고, 누나나 하녀를 통해 어린 시절 크게 그를 흥분시킨 성적 자극도 받았지만 이것은 성장기 남자아이가 겪을 수 있는 자연스러운 현상이다.

오이디푸스 시기 남자아이는 엄마나 누나에게 막연한 성적 흥분을 느끼는 법인데 좀 더 커서 성의 의미를 알면 이러한 기억을 실제로 겪은 성적 체험처럼 믿기 쉽다. 그러나 '늑대인간'의 신경증에서는 여자들에 대한 성적 욕망보다는 아버지에 대한 이중적 감정이 더 큰 역할을 한다.


## 꿈이 말하는 진실: 동성애 성향과 아버지에 대한 두려움


'늑대인간'의 꿈에서는 늑대가 중요한 역할을 하는데 그것은 아버지에 대한 감정의 표현이다. '늑대인간'은 누나의 옷을 벗기는 꿈을 꿀 정도로 성적 충동이 강했고 아버지에게 여자에 대한 호기심과 성적 욕망을 들킬까봐 두려움을 느끼기도 했다. 그런데 이런 경쟁심을 느끼면서도 또 한편 아버지에 대해 마치 여자아이처럼 사랑을 받고 싶은 마음도 있었다. 이러한 이중적 감정이 '늑대인간'을 몹시 갈등하게 만들면서 공포증을 만든 원인이 된다.

'늑대인간'은 어려서 부모의 성교장면을 보면서 자기도 어머니처럼 아버지로부터 성적 자극을 받고 싶은 마음이 있었다. '늑대인간'이 유독 엎드린 여자의 자세를 좋아한 것은 남성적인 욕망의 표현이기도 하지만 또 한편으로는 그런 자세로 아버지와 성교를 나누려는 환상을 표현한 것이기도 하다. 그런데 이것은 자기가 남자라 생각하는 입장에서 보면 절대로 일어나서는 안 될 불쾌한 생각이다.

결국 자기도 모르게 느끼는 아버지에 대한 동성애 성향과 이를 회피하려는 남성적 욕망이 갈등하면서 '늑대인간'은 불안감을 느낀 것이다. 이런 상황을 벗어나 자신의 여성적인 욕망을 억압하려다보니 그 수단으로 아버지를 무서운 존재로 만들 필요가 있었다. 이런 갈등이 꿈에서 자신을 잡아먹을 것처럼 노려보는 늑대 이미지로 표현되었다.

실제로 공포증은 어떤 특정한 대상에만 국한되며 불안감을 벗어나려는 의도로 우리 의식이 만드는 방어작용이다. '늑대인간'이 모든 늑대가 아니라 마치 엎드린 여자와 성교하는 자세를 연상시키는 서 있는 늑대의 이미지(아버지)만 무서워했다는 것이 그 증거다.

'늑대인간'은 병든 아버지에게 한편으로는 사랑의 감정을 느끼면서 한편으로는 자신의 성적 욕망을 방해한다는 증오심을 가졌다. 이것은 오이디푸스가 언제나 사랑과 미움의 양가 감정으로 나타나기 때문에 그렇다.


**꿈이 말하는 진실: 두려움이 감추고 있는 아버지에 대한 사랑**


꿈이 반복되는 것은 마음의 갈등이 완전히 해결되지 못했기 때문이다. '늑대인간'이 남성적 성향과 여성적 성향 중 어느 한쪽이 아주 강력했다면 늑대에 관한 꿈을 그렇게 반복적으로 꾸지 않았을 것이다. 반복은 그러므로 마음에서 일어나는 무의식과 의식의 역동적인 투쟁을 보여준다. '늑대인간'은 꿈 말고도 거친 숨을 연거푸 몰아쉬거나 자기 전에 꼭 방안에 있는 모든 성호에 입을 맞춰야만 잠을 잘 수 있는 등 강박증적인 행동도 많이 보였다. 이런 증상들은 모두 무의식의 욕망이 불러일으키는 불안을 해소하려는 노력이다. 그리고 꿈에서 보듯 그 갈등은 아버지에 대한 오이디푸스적 감정에 원인이 있다.

그러나 다른 한편으로 반복되는 꿈은 꿈꾸는 사람이 그것을 은밀하게 즐기기 때문에 가능하다. '늑대인간'의 꿈은 단지 아버지에 대한 두려움의 감정만이 아니라 사랑을 받고 싶고 아버지와 화해하고 싶은 마음을 표현한다. '늑대인간'은 공교롭게 크리스마스가 생일이었다. 그래서 자신과 예수의 생일이 겹치기 때문에 선물을 두 배로 받아야 한다고 생각했다.

선물을 주는 사람은 아버지다. 이렇게 보면 꿈에서 늑대가 올라가 있는 나무는 '늑대인간'이 아버지에게 기대하는 선물이 주렁주렁 달린 성탄 트리를 상징하기도 한다. 나무가 성탄절 선물을 상징하는 트리이고 늑대들이 선물이라면 이꿈은 '늑대인간'의 마음에 있는 아버지에 대한 사랑의 마음을 표현한다.

이처럼 반복되는 꿈은 성인이 되어서도 우리를 사로잡는 저 아득한 유아기의 소망과 환상을 보여준다는 점에서 가장 원초적으로 우리가 동경하는 소원이기도 하다.

# 제14장 꿈의 메커니즘:
## '동일시'를 통한 소원 충족

꿈은 제멋대로이고 어떤 형식에 매이지 않는 시인의 자유로운 상상력과 비슷하다. 꿈은 무의식의 소원을 표현할 때 숙련된 요리사처럼 이미지를 섞어 아주 새로운 것을 창조하거나 비슷한 이미지가 있을 때 이를 자유롭게 바꾸면서 감정을 대신 표현하기도 한다. 특히 은밀한 소원을 의식이 모르게 충족시키기 위해 다른 인물을 내세우는데 이를 '동일시 (identification)'라고 부른다.

'동일시'는 숨겨진 욕망을 교묘하게 만족시키기 위해 무의식이 활용하는 메커니즘의 하나다. 가끔은 낯선 인물들이 등장해서 꿈꾸는 이의 소원을 대신 말하거나 이뤄주는 경우도 있는데 이런 것은 모두 '동일시'를 통해 설명할 수 있다. 이제 '동일시'를 보여주는 몇 가지 꿈을 보면서 '동일시'가 어떻게 자아의 방해를 피하기 위해 이용되는지 살펴보자.


## 네 살이 안 된 소년의 꿈

"큼직한 구운 고기 한 덩어리가 커다란 접시에 보기 좋게 담겨 있다. 그런데 갑자기 누군가 고기를 자르지도 않고 먹어버린다. 먹은 사람의 모습은 보이지 않는다(『꿈의 해석』, 325쪽)."

이 꿈은 어린 꼬마가 '동일시'를 통해 아주 영리하게 자신의 소원을 충족시키는 모습을 보여준다. 이 꼬마는 며칠 전부터 의사의 처방 때문에 우유만 마시고 있었다. 몸이 안 좋아 식이요법을 하고 있는 것이다. 그나마 꿈꾸기 전날 저녁에는 벌을 받아 아무것도 먹지 못해 몹시 배가 고픈 채 잠자리에 들었다. 꼬마는 자존심이 상해 배가 고프다는 말을 한마디도 하지 않고 참았지만 속으로는 구운 고기를 먹고 싶었다.

이렇게 본인이 고기를 먹고 싶어하는 마음과 자존심 때문에 아무것도 먹지 않겠다고 한 말 사이에서 갈등하는 상황이 꿈에서는 '동일시'를 통해 해결되었다. 자기 대신 다른 사람이 고기를 먹고 사라져버렸기 때문이다. 이 소년은 고기를 먹었지만 자기 말을 지키지 않았다고 비난 받을 일도 없는 것이다. 제3의 인물을 내세워 자신의 소원을 대신 충족하고 있다. 또 다른 꿈을 보자.

### 동생에 관한 프로이트의 꿈

"나는 말 한 필이 끄는 마차를 잡아타고 역에 가자고 말합니다. 마부는 '내가 자기를 너무 힘들게 만든다'고 항의한 후 '나는 선로까지는 함께 갈 수 없습니다'라고 응대합니다. 그런데 이미 그의 마차를 타고 **평상시 전차가 다니는 구간을** 가고 있는 느낌이 듭니다(『꿈의해석』, 261쪽)."

이 꿈은 프로이트의 꿈이다. 마차를 타고 전철 구간을 간다는 꿈이 좀 엉뚱하지만 '동일시'를 통해 해석하면 숨겨진 의미를 잘 알 수 있다. 프로이트가 꿈꾸기 전날 실제로 마차를 타기는 했지만 꿈에서 마부는 동생 이미지의 전치다. 마부의 입을 통해 나와 동생 사이에 있었던 과거 사건이 암시되고 있다. 프로이트는 언젠가 이탈리아에 함께 여행을 가자는 동생의 제안을 거절한 적이 있다. 마부가 '나는 선로까지는 함께 갈 수 없습니다'라고 말하는 것은 프로이트가 동생의 부탁을 거절한 상황을 암시한다.

나는 너와 기차여행을 하지 않겠다는 속마음이 마부를 통해 표현된 것이다. 동생은 동생대로 프로이트와 여행을 다니면 형이 너무 많은 것을 보려고 빨리빨리 일정을 재촉하기 때문에 '내가 자기를 너무 힘들게 만든다'고 자주 불평을 했다. 동생이 프로이트를 서운하게 했기 때문에 그도 여행을 가자는 동생 제안을 거절했는데 이것이 꿈에서는 마부의 입을 통해 표현되고 있다. 마부가 나와 동생의 말을 대신하는 것이 바로 '동일시'다.

여기서 굵은 글씨로 표시한, '평상시 전차가 다니는 구간'이라는 표현도 실제 사건과 연관이 있으며 이를 통해 꿈에서 마부와 동생의 이미지가 함께 만들어진 이유를 알 수 있다. 그날 동생은 좀 서운했는지 전차를 타고 역까지 나를 배웅하다가 중간에 내렸다. 나는 동생에게 전차가 아니라 기차를 탔다면 좀 더 둘이 오래 같이 있었을 텐데 하며 아쉬움을 표했다.

마차가 평상시 전차가 다니는 구간으로 간 것은 이런 아쉬움을 암시한다. 마차를 기차로 바꾸어 해석하면 정확히 이해할 수 있다. 이 꿈에서 보듯 과거에 동생과 있었던 에피소드가 마부와 마차로 바뀌면서 꿈에서 재현되고 있다.

## '동일시'의 역할: 소원의 교묘한 충족

꿈이 '동일시'를 이용하는 이유는 의식의 검열을 피하면서 소원을 충족할 수 있기 때문이다. 위에서 어린 소년은 다른 사람이 대신 고기를 먹어 자신의 자존심을 지킬 수 있었다. 마차를 타는 프로이트의 꿈도 동생과 언짢은 일을 마부를 통해 대신 표현하고 있다.

또 한 가지를 보충하면 중·고등학교 8년을 함께 공부한 프로이트 친구 예를 들 수 있다. 변호사인 이 친구는 꿈이 소원 성취라는 프로이트 강의를 들은 적이 있는데 그에게 자기는 소송마다 지는 꿈을 꾼다고 하소연을 했다. 친구는 우연히 그런 말을 한 것 같지만 사실은 자기 꿈을 통해 무의식적인 질투심을 표현하고 있다.

학창시절 언제나 프로이트보다 공부를 못했던 이 친구는 프로이트가 톡톡히 망신을 당하기를 은근히 바랐다. 그런 상황이 꿈에서 자기가 번번이 소송에 지는 모습으로 나타난 것이다. 소송에 지는 것이 실제로는 프로이트가 되었으면 하고 바라고 있으며 이를 통해 자신이 실패하는 꿈을 꾸기 때문에 프로이트의 꿈 이론이 잘못되었다는 것을 은연 중 암시하고 싶은 것이다. '동일시'는 이처럼 교묘한 방식으로 무의식의 소원을 충족시킨다.

## '동일시'의 역할: 다른 사람을 통해 자기 소원 표현

히스테리 환자는 쉽게 다른 사람에게 '동일시'를 하면서 자신의 은밀한 소원을 표현하는 경우가 많다. 물론 이런 과정은 무의식의 법칙에 따라 '동일시'가 진행되기 때문에 본인은 자기가 다른 사람을 자기 소원표현의 수단처럼 이용하는지 눈치채지 못한다. 의식적으로 보면 오히려 특정한 것을 싫어하거나 혐오하는 경우가 많지만 '동일시'를 통해서 보면 꿈꾸는 이의 욕망을 잘 이해할 수 있다.

예를 들어 술집과 매춘부가 많은 광장을 무서워하는 여성 환자가 있다. 이 환자는 **'광장에서 쓰러지는 꿈'**을 자주 꾸며 그때마다 몹시 두려움을 느낀다. 환자는 겉으로 보면 광장에 나가는 것을 몹시 싫어하지만 분석을 해보면 자신을 광장에 있는 매춘부와 '동일시'하기 때문에 광장에서 쓰러지는 꿈을 꾸는 것이다. 쓰러진다는 말은 무의식적으로 성행위를 암시한다. 이 꿈은 성을 즐기고 싶은 무의식의 소원과 또한 그것을 막으려는 의식의 갈등을 동시에 보여준다.

광장에 나가면 자신이 소원한 것처럼 쓰러지면서 성행위를 할 수 있지만 그 경우 자신이 매춘부가 된다고 의식이 생각하기 때문에 타협점으로 광장 공포증을 만든 것이다. 이런 방어과정이 만들어진 것은 무의식적으로 매춘부들의 입장에서 성을 즐기려는 환상이 있기 때문이다. 무의식적인 성 욕망이 꿈에서 표출되니까 의식은 그것을 막기 위해 광장 공포증을 만들었다고 볼 수 있다. '동일시'는 이처럼 다른 사람의 욕망을 은밀하게 자신의 것처럼 소망할 때 발견된다.

## 기타 '동일시': 사물이나 낱말에 대한 '동일시'

사람에 대한 '동일시'뿐 아니라 사물이나 낱말에 대해 '동일시'를 하는 경우도 많다. 예를 들어 프로이트는 로마에 가는 꿈을 자주 꾸었다. 왜 그랬을까? 로마는 프로이트가 존경하는 한니발 장군이 끝내 점령하지 못한 제국으로 명예를 상징한다. 로마 꿈은 프로이트가 한니발처럼 위대한 인물이 되고 싶다는 마음속 소망과 아직 정복하지 못한 로마가 보여주는 좌절을 동시에 보여준다.

로마는 유대인으로서 겪은 좌절을 보상해주는 매개물이자 프로이트의 야망을 보여주는 상징으로 등장한 것이다. 이렇게 사물이나 낱말에 '동일시'를 하는 것은 그것이 훨씬 간단할 뿐 아니라 사물을 통해 나의 숨겨진 소망을 들키지 않고 표현할 수 있기 때문이다.

# 제15장 꿈의 메커니즘: 환상·백일몽

꿈이 현실에서 실현할 수 없는 소원을 영화처럼 펼쳐 보여준다는 점을 생각해보면 그것은 환상과 상당히 유사하다. 환상은 금지된 소망이나 무의식적 바람을 초현실적인 이미지를 통해 실현해주는 정신적 활동으로 꿈 작업과 흡사하기 때문이다. 환상은 현실에서 불가능한 일을 체험처럼 보여주기 때문에 공상의 한 종류처럼 생각하지만 환상이 진행될 때 강한 정서적 충격을 경험하고 현실과 구분이 잘 되지 않는다는 점에서 공상과 다르다.

예를 들어 제12장에서 소개한 '늑대인간'은 다섯 살쯤에 갑자기 손가락이 잘린 것을 보고 몹시 놀라 꼼짝할 수 없었지만 그것은 환상이었다.

또 꿈은 특히 히스테리 환자가 많이 하는 대낮의 공상인 백일몽과도 비슷하다. 물론 백일몽은 좀 더 의식이 많이 작용하기 때문에 더 논리적으로 보이는 차이점이 있기는 하지만 말이다. 여기서는 환상과 백일몽에 대해 설명하면서 꿈과 어떤 관계가 있는지 살펴보자.


## 환상(fantasy): 내가 만드는 욕망의 현실

정신분석은 똑같은 현실이 아니라 각자 체험하면서 심리적으로 경험하는 마음의 현실을 중요시한다. 그래서 환상은 실제 기억이나 경험보다 우리 욕망에서 더 본질적이다. 예를 들어 실제로는 아빠가 아이를 몹시 예뻐하지만 아이는 아버지의 사랑을 위협처럼 느끼면서 무서운 꿈을 꿀 수도 있다. 아버지에 대한 적대감은 오이디푸스 콤플렉스 때문에 발생하는 것이지 아버지의 태도와는 크게 관계가 없다. 여기서 아버지가 자신을 거세할지도 모른다는 두려움이 바로 환상이다.

또 환상은 내 과거 소망이 직접 실현된 장면이라고 말할 수 있는데 무의식이 환상과 연관되는 것도 이 때문이다. 무의식의 힘은 워낙 강력해서 우리의 기억을 변형해서 실제로 그것을 전혀 다르게 경험한 것처럼 만들기도 한다. 이렇게 변형된 기억이 꿈의 재료로 쓰이고, 환상을 통해 생생한 체험처럼 표현하기도 한다. 환상이 만들어지는 과정에서 특히 유아기의 사건이나 그것에 얽힌 자극적인 감정이 중요한 역할을 한다.

예를 들어 프로이트가 언급한 히스테리 여성의 환상을 보자. 어느 날 아침 그녀는 정신병원에 있어야 할 오빠가 방에 있는 것을 발견한다. 그녀의 어린 아들은 옆 침대에서 자고 있다. 그녀는 아이가 '삼촌'을 보고 '놀라 경기를 일으킬까봐' 아이의 얼굴을 이불로 덮는다. 그런 다음에 오빠가 사라졌는데 이것은 분명 환상이다.


## 환상의 분석


이 환상에는 어린 시절 이 여성이 경험한 두려운 사건과 그때 느낀 감정이 고스란히 표현되어 있다. 그녀는 자기 어머니가 히스테리 발작으로 고생하다가 돌아가셨다는 얘기를 유모에게 들었다. 어머니의 발작은 환자의 외삼촌인 어머니의 오빠가 '이불'을 머리에 쓰고 유령처럼 나타나 어머니를 놀라게 한 이후 시작되었다고 한다. 이 이야기가 이 환자에게는 상당한 충격과 후유증을 남긴 것 같다.

이 여자의 환상을 자세히 분석해보면 유모로부터 들은 어머니의 사건과 상당히 비슷한 면을 반복하고 있다. '오빠가 갑자기 나타난 것' '이불을 덮음' '놀란 기억' 들이 그런 것이다. 환상을 만든 것은 유령처럼 머릿속에 기억된 외삼촌이나 어머니의 발작이 그녀의 어린 아들에게 다시 나타나지 않을까 하는 걱정이다. 무의식중에 아이의 얼굴을 이불로 덮은 것이나 '놀라 경기를 일으키지 않을까' 걱정하는 마음은 그런 심리 상태를 잘 보여준다.

어린 시절에 들은 불행한 가족사의 악몽이 혹시 자식에게 되풀이될까봐 불안하다보니 이런 환상을 본 것이다. 이 부인이 히스테리 상태라 은연중에 히스테리 발작으로 고생한 자기 어머니와 자기를 '동일시'하면서 생생한 체험처럼 환상을 통해 갈등을 표현하고 있다.

꿈과 달리 환상이나 환각은 마음속 불안이나 공포의 대상을 그대로 표현하는 경우가 많다. 환상도 꿈처럼 무의식적 기억에 뿌리를 두고 있지만 꿈은 더 간절하게 자신의 소원이나 문제해결을 보여주는 경우가 많다.

## 백일몽(daydream): 낮에 꾸는 꿈

꿈이 잠을 자는 동안 무의식의 활동을 보여준다면 백일몽은 말 그대로 깨어 있는 낮 동안 일어나는 꿈이다. 백일몽도 무의식적 소망을 실현하는 상상적 장면을 체험하게 해준다는 면에서는 꿈과 비슷하다.

또한 백일몽도 꿈과 마찬가지로 유년기에 겪은 체험이나 인상이 재료로 사용되는 경우가 많다. 백일몽은 프로이트의 선배인 브로이어 박사의 환자 안나 O가 보여준 전형적인 증상이기도 했다.

정숙하고 지적이었으며 상상력이 풍부했던 안나 O라는 처녀는 단조로운 가정생활에서 습관적으로 백일몽을 즐기면서 위로를 받다가 점점 히스테리 증상이 심해지면서 전혀 다른 사람처럼 행동하기도 했다. 안나 O는 보수적인 중산층에서 자랐고 도덕성도 강했지만 억눌린 성적 욕망과 갈등이 백일몽을 통해 표출된 것이다. 백일몽은 안나 O의 두 가지 인격, 즉 정숙한 처녀와 성적 욕망을 탐하는 여자의 상태를 공상 속에서 즐길 수 있도록 만들어주는 연극무대 같은 것이다.

백일몽에서 의식과 무의식은 완전히 단절되지 않고 겹쳐 있다. 마치 웅장하고 멋있는 건축물로 둘러싸인 현대 로마의 구석구석에서 아득한 고대 로마의 건축물이 삐죽삐죽 얼굴을 내밀고 있는 것과 흡사하다. 백일몽도 무의식의 소망 때문에 꾼다. 하지만 꿈과 달리 백일몽은 의식이 개입하는 면이 더 크다. 꿈은 현실처럼 체험하지만 백일몽은 의식의 간섭에 더 많은 영향을 받으며 백일몽을 꾸는 사람도 이를 잘 안다. 그렇기 때문에 백일몽에 빠져 있다가도 바로 "이것은 현실이 아니야"라고 하면서 깰 수 있는 것이다.

예를 들어 영화 같은 곳에서 자주 볼 수 있는 장면처럼 내가 실업자가 되어 거리를 떠도는 상황을 가정해보자. 그러다 잠시나마 누군가 귀인이 나타나 갑자기 직장을 구하는 상상을 꿈처럼 꿀 수 있다. 이것은 소원이 바로 이 자리에서 이루어진다고 잠시 황홀한 공상에 빠져 있는 상태와 흡사하다. 이처럼 백일몽은 곰곰 생각해보면 자신의 현재 갈등이나 소망을 표현한다는 것을 알 수 있다.

## 백일몽과 꿈의 차이

백일몽이 이해하기 쉬운 선명한 내용으로 소원을 표현한다면 꿈은 주로 감각으로 느껴지는 모호한 형상을 통해 억압된 소원을 나타낸다. 꿈에서는 이미지의 내용보다 그것이 불러일으키는 감정(affect)이 중요하다. 앞에서 말한 것처럼 꿈에서는 무의식이 꿈 작업을 거치면서 이미지를 변형하기 때문이다. 꿈에도 백일몽처럼 낮에 몰두했던 고민이 끼어들기는 하지만 언제나 왜곡과 변형을 거쳐서 표현된다. 꿈은 낮 동안 경험한 기억을 오래된 기억흔적과 섞은 후 가공하면서 깨어 있을 때 생각과 구별하기 힘들게 만든다. 이것을 2차가공이라고 부른다. 그렇기 때문에 꿈의 겉 내용이 아니라 숨은 꿈-사고가 만들어지는 과정자체를 따로 분석해야지만 제대로 해석할 수 있다.

꿈의 가장 중요한 특징은 우리가 아는 이미지를 반복하는 것이 아니라 그것을 압축이나 전치를 통해 낯설게 변형하는 데 있다. 그렇기 때문에 꿈을 무의식적 소망을 단순히 공상처럼 표현한 것으로 이해해서는 안 되며 무의식이 별도로 행하는 작업 자체로 인정해야 한다.

꿈은 의식보다 열등한 것이 아니라 의식과 다른 방식으로 진행하는 심리과정이다. 깨어 있을 때 생각과 꿈 작업은 완전히 다른 것이며, 서로 다른 일꾼이 만들기 때문에 완전한 비교는 불가능하다.

백일몽도 꿈과 비슷한 역할을 하지만 주로 의식의 영역에서 작업이 이루어진다. 이러한 차이를 잘 이해할 수 있기 위해서는 정신의 구조를 볼 필요가 있다.

# 제16장 정신구조 모델1: 구조와 작동 원리

지금까지 꿈의 심리적 의미, 꿈이 만들어지는 과정, 꿈의 종류, 꿈의 메커니즘에 대해 살펴보았다. 이제는 무의식적 소원을 꿈이나 다른 증상으로 표현하는 우리 마음의 구조를 살펴보자. 고장난 자동차를 고치기 위해 자동차가 움직이는 원리를 이해하고 엔진 구조를 잘 알아야 하는 것처럼 우리 마음의 구조를 정확히 안다면 꿈을 좀 더 과학적으로 설명할 수 있다.

본격적으로 꿈을 연구하면서 프로이트는 꿈이 우연히 생기는 것이 아니라 어떤 법칙에 의해 만들어지는 심리현상이라는 결론을 내린다. 그리고 인간의 마음도 에너지를 공급 받아 정교하게 움직이는 기계처럼 특정한 구조로 되어 있고, 일정한 법칙에 따라 움직이면서 잠시도 쉬지 않는 기관이라고 확신한다. 마음이 기관이라는 것은 비유가 아니라 실제 기계처럼 작동한다는 말이다. 마치 현미경이 여러 벌의 렌즈·나사·몸체로 구성되어 함께 작동하는 것처럼 프로이트에 따르면 마음도 여러 기능을 담당하는 기관들이 서로 협력하고 갈등하는 복잡한 조직체다.

다음은 마음의 구조와 작동 원리를 그린 그림이다.

그림에서 화살표는 에너지 흐름을 나타낸다. 그리고 선으로 나눠진 부분들은 정신기관의 구성성분으로 이를 조직이라고 부를 수 있다.

**정신기관(psychic apparatus) 모형**

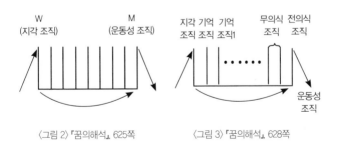

〈그림 2〉『꿈의해석』625쪽          〈그림 3〉『꿈의해석』628쪽

## 에너지의 흐름과 기억흔적

프로이트에 따르면 인간의 모든 정신·신체 활동은 성 에너지에 의해 가능한데 그것을 리비도(libido)라 부른다. 그리고 리비도가 작용하면서 인간유기체를 특정한 경향으로 몰고 가는 것을 충동(drive)이라고 한다. 모든 정신활동은 에너지의 흐름 덕분에 가능하다. 에너지가 흐르면서 자극을 주고 자극은 흥분을 통해 다양한 신체 반응을 일으킨다.

〈그림 2〉에서 지각조직(W)은 이러한 자극을 수용하는 일을 하며, 운동조직(M)은 자극을 배출하는 곳이다. 이때 지각은 눈·코·입 같은 감각기관이나 몸 내부에서 발생하는 여러 자극을 수용하고 반응하는 활동을 뜻한다.

예를 들면 뜨거운 불이 손에 닿으면 우리 피부가 아주 짧은 시간 이에 반응(W)하여 신경을 통해 그 자극을 신호처럼 전달하고 두뇌는 명령을 내려 빨리 손을 떼게(M) 한다. 자극이 반응을 만들 때 언제나 기억흔적(고통스럽다·좋다는 식의 감정)을 남기기 때문에 다음에 비슷한 자극이 오면 더 빨리 반응하면서 환경 적응을 돕는다.

프로이트는 꿈의 종류를 설명하면서 기억흔적이라는 말을 여러 차례 사용한다. 기억흔적이란 지각이 마음에 남긴 원재료다. 자극을 받은 지각조직은 아무것도 기억하지 않고 기계처럼 반응하지만 이것을 신경세포를 통해 뇌에 전달하는 과정에서 여러 기관에 순서대로 각인된다. 기억이란 이렇게 대뇌 피질 곳곳에 남아 있는 기억흔적을 불러내어 의식이 알 수 있도록 재현하는 과정이다. 기억의 과정에서 흩어져 있는 흔적을 모으는 작업이 바로 연상이다.

우리는 살면서 많은 경험을 하는데 기억조직은 그것을 전체로 저장하는 게 아니라 그 경험이 남긴 감정의 흔적을 간직하는 것이고, 이 흔적은 사라지지 않는다.

예를 들어 프루스트의 『잃어버린 시간을 찾아서』처럼 아주 어렸을 때 햇살이 비치는 깨끗한 방에서 감미로운 음악을 들으면서 맛있는 마들렌을 먹었다고 해보자. 이때 우리 두뇌는 햇살이 몸에 남긴 따스함, 음악에서 느낀 조화로운 아름다움, 마들렌의 고소한 향기, 혀가 느낀 부드러움의 흔적을 여기저기에 기록한다.

성인이 되어 기억은 가물가물해지지만 어느 날 어려서 먹은 마들렌을 우연히 입속에 넣으면 현재 자극이 예전의 기억흔적을 불러내 옛날 좋았던 느낌을 불현듯 추억처럼 떠오르게 한다. 이 과정에서 기억 이미지들이 복원되지만 그 내용은 얼마든지 변형될 수 있다.

## 무의식·전의식

이제 〈그림 3〉을 보자. 왼쪽에는 지각조직과 기억조직이 있고 오른쪽에는 무의식조직과 전의식조직이 있다. 이것은 경험이 기억되는 순서와 장소를 말한다. 정신기관은 기억흔적을 시간 흐름에 따라 차례로 여러 곳(기억조직1, 기억조직 2…)에 나누어 보관한다.

기억조직이 저장고 역할을 한다면 지각조직은 언제나 새로운 자극을 받아들이기 위해 활동한다. 기억조직에 남겨진 흔적을 무의식이라 부른다. 그것은 이미지와 분리되었기 때문에 그 자체로 의식되지는 않지만 과자의 예에서 보듯 언제나 현재 기억에 침투할 준비가 되어 있다.

일종의 인상이나 느낌처럼 우리는 기억흔적을 느끼는데 기억흔적은 과자가 주는 달콤함처럼 언제나 흥분을 동반한다. 우리가 의식이라고 부르는 것도 기억흔적에서부터 생긴다. 그런데 그림을 보면 의식은 오른쪽 끝에 있는 운동성조직의 너머에 있고 그 중간에 과도기 조직으로 전의식이 있다. 무의식과 달리 전의식은 의식에 아주 가까이 위치한다.

그러므로 우리가 약간의 주의만 기울이면 전의식에 있는 기억의 느낌은 충분히 파악할 수 있다. 전의식은 무의식과 의식을 연결해주는 통로다. 전의식이 존재하는 이유는 무의식의 기억을 걸러내어 의식이 받아들일 수 있는 것만 통과시키기 위해서다. 마치 두 나라 사이의 국경수비대 역할과 비슷하다.

무의식에 남아 있는 기억들은 의식이 싫어하거나 피하는 것인데 의식은 언제나 사회적 관계에 마음을 쓰기 때문이다. 그러나 무의식의 흔적은 계속해서 자신을 드러내기 때문에 전의식이 중재자처럼 다리 역할을 한다.

## 퇴행(regression)

앞에서 본 것처럼 꿈은 무의식으로 남아 있는 기억흔적들이 현재의 자극과 결합해서 생기는 의식현상이다. 그러므로 꿈의 원천은 무의식에 있지만 꿈-사고가 만들어질 때 전의식이 중요한 역할을 한다. 꿈-사고는 자는 동안 우리가 의식할 수 있는 이미지와 이야기로 바뀌어 표현되어야 하기 때문이다. 그런데 꿈은 순수한 기억들로 두뇌 내부에서만 만들어지는 것이 아니고 자는 동안의 여러 자극도 수용하면서 이를 결합해 환각형태로도 나타낸다. 제8장에서 살펴본 '불타는 아이의 꿈'을 생각하면 된다. 이런 것은 우리 정신기관에서 지각조직이 꿈에 참가할 때 가능하다.

깨어 있을 때는 지각조직→기억조직→무의식조직→전의식조직→운동조직의 순서로 활동이 일어난다. 반대로 잠을 자면서 꿈을 꿀 때는 그 과정이 거꾸로 되면서 지각조직까지 도달하는데 이를 역방향으로 간다고 해서 퇴행이라고 부른다.

퇴행이란 한마디로 과거 기억흔적의 재료를 향해 나아가는 것으로 꿈뿐 아니라 회상에서도 가능하다. 퇴행은 특별히 꿈이 과거 기억흔적을 불러내고 이것과 현재자극을 결합해 복합적인 이미지를 만드는 과정을 보여준다.

꿈에서 퇴행이 가능한 이유는 의식의 검열이 약화되고 지각의 활동도 거의 멈추기 때문이다. 마치 〈토이스토리〉의 장난감들이 사람이 없으면 활동을 시작하듯 외부세계와 차단되고 의식이 휴식을 취하면 감추어져 있던 무의식 흔적이 활동을 시작한다.

꿈뿐 아니라 제15장에서 설명한 환상이나 정신병 환자들이 경험하는 환각현상도 퇴행을 통해 설명할 수 있다. 현재의 의식 활동이 아니라 과거 무의식적 소망이 연출자 역할을 하면서 장면을 만드는 것이 환상이나 환각이고 그것은 무의식의 흔적을 동원한다는 점에서 퇴행이다.

지금 보았듯이 정신기구 모델은 꿈이 만들어지는 과정을 설명하는 데 아주 유용하다.

# 제17장 정신구조 모델2: 각 조직의 기능

## 무의식: 억압된 기억흔적의 저장고

무의식(unconscious)은 정신분석학이 발굴하고 학문의 대상으로 전면화한 최대 성과물이다. 사회 관계에서 일어나는 모든 인간행동을 우리는 무의식을 통해 설명할 수 있다. 그런데 무의식은 어떤 신비한 힘이나 초능력이 아니다. 무의식은 오히려 우리 과거 기억흔적이 보관되어 있는 창고와 같다. 그냥 단순한 골동품이 아니라 의식이 알지 못하고 표현하지 않아 묻혀 있는 기억흔적이 바로 무의식이다.

무의식이 생기는 것은 기억의 한계 때문이 아니라 의식이 싫어하는 생각이나 감정을 배척하려는 억압 때문이다. 그런데 억압된 무의식의 내용물은 계속해서 봉쇄를 뚫고 의식이나 행동에 침투한다. 프로이트에 따르면 억압된 것은 반드시 돌아오는데 억압된 것에 성 에너지가 더 관심을 쏟기 때문이다. 무의식은 언제나 의식 밑에서 활동하며 압축이나 전치를 통해 내용물을 만들면서 꿈이나 다양한 신경증 증상을 통해 자신을 표현한다. 신경증은 제19장에서 자세히 설명하겠다.

억압된 기억은 주로 유아기의 성적 욕망과 관계가 많다. 아직 사회규범을 잘 모르고 상식이나 이성에 따라 행동하지 못하는 유아기에는 본능이 자유롭게 표출된다. 그러나 성장하면서 본능을 억제하고 함부로 표현하지 않는 것을 배우면 억압이 시작된다. 예를 들어 아무리 엄마나 아빠가 좋아도 항상 부모한테 모든 것을 의지해서는 안 되고 어느 순간 독립된 인격체로 서야 하며, 화가 난다고 아무 데서나 폭력성을 발휘하면 혼이 난다. 또 게임을 좋아한다고 직장도 가지 않고 하루 종일 게임만 할 수는 없다.

사회화 과정에서 이처럼 성적 충동·공격성·이기심 등에 관련된 생각과 감정이 자연스럽게 억압된다. 하지만 억압된 생각들은 우리를 강력하게 유혹하는 감정을 불러일으키기 때문에 억압 직후부터 내용을 바꾸어 꿈에 표현된다. 결국 우리 삶은 무의식적 소망과 의식의 끝없는 갈등과 투쟁이고, 그 타협물이 꿈·말실수·실수 행위·망각·환상·신경증 등 삶에 다양한 모습으로 나타나는 것이다. 이런 타협물을 프로이트는 무의식의 형성물(unconscious formation)이라 불렀다.

## 전의식: 무의식을 감시하는 수문장

전의식(preconscious)은 정신기구의 두 번째 큰 조직이다. 전의식은 무의식의 내용물이 의식에 침투할 때 이를 조사하고 검열하면서 통과시키는 중요한 일을 한다. 무의식의 소원들은 의식이 억압하기 때문에 언제나 전의식의 허락을 받아야만 의식이 지배하는 공간에 들어가 자신을 표현할 수 있다. 전의식은 무의식과도 상당히 연관이 많지만 기능적인 면에서는 의식에 더 가깝다. 무의식이 주로 에너지를 직접 표출하고 방해에 개의치 않는 반면 전의식은 의식과 마찬가지로 현실적인 상황을 많이 고려한다.

또 전의식은 언어적 표현을 중요한 수단으로 삼고 새롭게 이미지를 창조하는 등 사유 작용에 더 가깝다.

예를 들어 아이들의 자위행위를 보자. 3~5세 아이들은 무심코 자기 몸을 만지면서 즐거워하는 경우가 많은데 이것은 성인의 성행위와는 다른 자연스러운 발달행동이다. 자기 몸 자체가 쾌감을 주기 때문에 아이는 이것을 즐기는데 프로이트는 이것을 성인의 성행동과 구분해 자가성애(autoeroticism)라 부른다.

무의식은 아이가 자위행위를 할 때 자기 몸이 부풀어 오르는 것 같은 짜릿한 환상을 통해 직접적으로 쾌락을 느끼게 한다. 반면 전의식은 자위가 주는 쾌감을 비행기를 타는 장면처럼 바꾸어 꿈에서 표현하게 해준다. 전의식이 이미지를 바꾸기 때문에 의식은 이를 아무렇지 않게 받아들이면서 꿈에서 걱정 없이 즐길 수 있다.

그런데 전의식은 무의식을 통과시키는 수문장 역할을 하기도 하지만 우리가 분석이나 꿈 해석을 통해 무의식에 접근할 때 이를 막기도 한다. 무의식을 보여주는 실마리를 찾으면 그것은 별로 중요하지 않다고 하거나 망각하게 만들어 무의식이 억압한 것이 드러나지 않도록 하는 역할을 전의식이 한다.

전의식이 억압된 생각을 의식에 넘겨주지 않고 다시 무의식으로 돌려보내는 일도 자주 있다. 전의식의 기능은 결국 무의식적 소원이 우리를 혼란스럽게 하거나 지나치게 지배하지 않도록 균형을 잡는 데 있기 때문이다.

## 의식: 상식과 이성의 대변자

의식(consciousness)은 인간이 사회적 존재이기 때문에 가지는 특권이다. 동물들이 본능의 지배를 받고 자연에 순응한다면 인간은 본능을 다스릴 줄 아는데 그 모든 것이 의식 덕분에 가능하다.

의식은 현실과 관계에서 욕구와 욕망을 실현하는 과정에서 생겼으며 자아가 대표한다. 무의식이 에너지를 제한 없이 방출하고 만족을 누리려고 한다면 의식은 자아를 통해 에너지를 합리적인 방식으로 쓰려고 통제한다.

예를 들어 배가 고파 냉장고에서 빵을 찾았다고 한다면 무의식은 그것을 먹으려는 자극을 만들면서 신체를 긴장하게 한다. 이때 의식은 빵이 혹시 상하지 않았는지 살펴볼 것을 명령하고 잠시 욕망을 늦추게 만든다. 생존을 위해서는 외부 세계를 잘 알아야 하며 때로는 본능적인 욕구를 억제할 필요가 있다. 의식은 결국 우리를 보호하기 위해 발달한 정신의 기능이다.

의식은 외부나 내부에서 오는 여러 자극을 분별하고 상황을 파악하여 어떻게 행동해야 하는지 판단하는 것을 돕는다. 특히 감각을 통제하는 과정에서 의식은 전의식과 행동을 같이 하는 경우가 많다. 의식은 제16장에서 본 정신구조 모델에서 운동조직을 포함하지만 단순히 감각의 덩어리는 아니고 그것을 나누고 과거 기억과 비교하는 고차적인 사유 작용까지 포함한다.

쉽게 말해 우리가 인간의 고차적인 활동이라고 부르는 모든 것이 의식에 의해 가능하다. 기억과 관련해 구분을 하자면 무의식이 과거 기억흔적만을 간직하고 이것에 에너지를 쏟으면서 그것 자체를 끌어내려고 한다면 의식은 전체이미지를 만들고 연결시키면서 기억의 줄거리를 만든다. 과자 향기가 갑자기 나를 자극할 때 어려서 그것을 만들어주던 어머니의 모습을 떠올리면서 흐뭇하게 그 장면을 추억하는 것이 바로 의식의 역할이다.

다음으로 의식은 사회적 기준이나 도덕에 맞지 않는 감정이나 생각을 억압하는 역할을 한다. 이런 억압과정에서 무의식적 욕망이 아주 강할 때 의식과 충돌을 피하기 위해 신체적인 증상이 만들어지기도 한다. 예를 들어보자. 프로이트의 환자였던 도라는 14세 때 호숫가에서 K씨한테 갑자기 포옹과 키스를 당한다. 도라는 은연중에 K씨에게 호감이 있었지만 K씨는 유부남이었고 도라는 나이도 어렸다. 무의식적 소망으로 본다면 도라는 K씨가 안을 때 좋을 수도 있었지만 정반대로 구역질을 느꼈고 그 후 가슴의 압박감을 느껴 고통을 당했다.

이것은 억압이 증상으로 바뀐 좋은 예다. K씨에 대한 호감을 의식은 불쾌감을 통해 금지하도록 만들었고 K씨가 도라를 안을 때 느낀 압박감이 고통으로 바뀌어 도라를 괴롭혔다. 히스테리 환자의 신체증상은 이렇게 억압된 기억이 신체증상으로 바뀌어 표현되는 경우가 많다.

의식이 무의식의 욕망을 억압하기 위해 사용하는 여러 심리적 기제를 방어작용이라고 한다. 예를 들어 어떤 사람에게 미움이 생기면 정반대로 과잉친절을 하게 만들어 우리 스스로의 무의식적 욕망을 감추는 것이 자아의 방어작용이다.

지금 보았듯이 정신은 의식·무의식·전의식이 각자 역할을 하면서 서로 자신의 영역을 넓히기 위해 투쟁한다. 그 과정에서 서로 타협하고 꿈이나 증상을 통해 무의식적 소원이 계속해서 의식의 영역을 침투하기도 한다.

# 제18장 프로이트 사상: 유아성욕론

　프로이트는 히스테리 환자들을 치료하면서 신경증이 신체적 이상이 아니라 특히 성적인 갈등과 억압된 과거 기억 때문에 발생한다는 것을 발견했다. 처음에는 환자들이 어린 시절에 부모나 주위 어른들로부터 좋지 않은 성경험이나 트라우마 사건을 경험했기 때문에 신경증적 고통을 당한다고 생각했다. 하지만 연구가 깊어지고 사례들을 많이 분석하면서 점차 신경증 환자들이 과거 기억이라고 말하는 것이 사실은 본인이 만든 환상에 가깝다는 것을 발견하고 유아성욕론이라는 대담한 입장을 채택한다.

　유아성욕론은 외부에서 오는 성적 유혹이 신경증을 만드

는 게 아니라 아이가 태어나는 순간부터 이미 성적 욕망을 가지고 있고 성적 활동을 한다는 입장이다. 프로이트는 자기 아버지가 죽고 크고 작은 꿈과 신경증 증상을 몸소 겪으면서 자기 분석을 시작한다. 그리고 친구 플리스에게도 고백한 것처럼 그리스 신화에 나오는 오이디푸스 대왕의 이야기가 우리 모두의 유아기 욕망을 상징한다는 입장에 도달한다.[4]

우리가 오이디푸스 이야기에 강력하게 끌린다면 그것이 무의식 속에 잠재되어 있는 어린 시절의 강렬한 욕망을 건드리기 때문이라는 것이 프로이트의 대담한 가정이다. 물론 이 욕망을 성공적으로 억압했기 때문에 우리는 정신병이나 성도착자가 되지 않았지만 무의식 속에는 여전히 그 씨앗이 남아 있다. 이제 오이디푸스 콤플렉스가 무엇인지, 그리고 유아의 성은 어떤 과정으로 발달하는지 이야기해보자.


## 오이디푸스 콤플렉스(oedipus complex)

오이디푸스는 자기 뜻과 무관하게 아버지를 죽이고 어머니와 결혼해 저주를 받은 그리스의 비극이다. 오이디푸스 왕처럼 모든 아이들은 성발달 과정에서 남근기에 부모에 대해 사랑과 미움의 복잡한 마음을 경험한다. 오이디푸스 이야기를 들으면서 우리가 뭔지 모를 공감과 불편함을 동시에 느끼는 것은 이것이 까맣게 잊은 유아기 기억흔적을 자극하기 때문이다.

전형적인 오이디푸스 콤플렉스는 남자아이가 잘 보여준다. 3~5세쯤 아이는 어머니에게 여러 형태로 애정을 느끼고 어머니를 독차지하고 싶어한다. 여기서 애정을 성인의 처지에서 생각하면 안 되며 아이가 어머니에게 절대적으로 의존하면서 자기만 사랑해줄 것을 바라는 이기적이이면서 생존을 위한 욕망으로 봐야 한다. 그러나 아버지라는 강력한 존재가 아이의 오이디푸스적 사랑을 가로막는다. 이 때문에 아이는 어머니를 소유한 아버지에게 큰 질투심을 느끼며 증오한다. 그런데 또 한편으로 아이는 아버지의 사랑을 갈망하며 이때는 어머니를 경쟁상대로 바라보기도 한다.

이렇게 사랑과 미움, 능동과 수동의 감정이 복잡하게 얽혀 있고 자신의 정확한 욕망을 알지 못하기 때문에 콤플렉스라 부른다. 그러나 갈등은 오래가지 않는데 아버지로부터 오는 거세의 위협 때문이다. 아버지는 아이와 어머니를 강제로 떼어놓고 아이가 연인이 아니라 아들로 자리를 잡도록 강제한다. 이때 거세를 꼭 생식기를 실제로 자른다는 의미가 아니라 아버지로부터 오는 모든 처벌의 상징적 위협처럼 이해해야 한다.

거세 콤플렉스 때문에 오이디푸스 콤플렉스가 쇠퇴하고 이제 아버지처럼 되려고 하면서 남자로서 자신의 정체성을 갖는 것이 오이디푸스 콤플렉스의 핵심이다. 오이디푸스 콤플렉스를 잘 극복해야 인격적으로나 성적으로 정상적인 삶을 살 수 있다. 오이디푸스 콤플렉스를 극복하기 위해 아이가 아버지에게 '동일시'를 하기 때문에 심리적으로 자신을 남자로 바라볼 수 있게 된 것이다.

　　한편 여자아이는 어머니에게 '동일시'를 하면서 아버지 대신 어른이 되어 다른 남자의 아내가 되려고 한다. 프로이트에 따르면 오이디푸스는 아이가 유아기에 경험하는 가장 큰 사건이고 이후 모든 신경증의 핵심 원인이다. 오이디푸스 콤플렉스를 이해하기 위해서는 유아의 성충동 발달 과정을 좀 더 살필 필요가 있다.


## 유아의 성충동 발달 과정

　　인간은 태어날 때부터 성적인데 성 에너지 리비도가 우리 행동을 지배하기 때문이다. 그러나 인간의 성은 동물과 달리 문화의 영향을 많이 받고 다양한 모습으로 발전한다. 그렇기 때문에 프로이트는 인간의 성을 본능이 아니라 자연(육체)과

문화(정신)의 경계에 있는 충동을 통해 설명한다. 리비도가 육체에서 나오는 에너지를 뜻한다면 충동은 그것이 대상을 향해 발산되는 모습을 말한다. 또 충동은 본능을 만족시키는 과정에서 자연스럽게 분리되어 발전하면서 만족 대상을 찾게 된다.

성의 발달은 충동이 복잡해지는 과정이다. 아이는 사춘기까지는 성에 대한 지식이 부족하기 때문에 자신의 몸에 에너지를 집중하지만 사춘기 이후 몸의 성적 특징이 발달하고 지식이 생기면 비로소 이성을 사랑하게 된다. 여기서 성을 성교에 연관시키지 말고 육체에서 비롯되는 모든 자극과 쾌락, 그것과 연관된 감정과 애착으로 이해해야 한다. 프로이트가 말하는 성은 단순한 생식욕구 이상의 포괄적인 쾌락을 의미한다. 이제 성이 어떻게 발달하고 성격에 어떤 영향을 미치는지 보자.

## 구순기(oral stage): 대상이 주는 쾌감

입은 음식물 같은 외부대상과 접촉하면서 최초로 아이가 만족을 경험하는 중요한 기관이다. 처음에는 배가 고파서 젖을 빨지만 시간이 지날수록 빠는 것이 즐겁다는 것을 알게 된다. 이렇게 쾌락을 맛보면 배를 채우기 위해서가 아니라 입술의 만족을 위해 빨기 시작하는데 여기서 구순충동이 생긴다.

구순본능이 음식물에 매여 있다면 구순충동은 행위 자체가 더 중요하고 대상은 큰 연관성이 없다. 구순충동은 순수하게 자신의 몸이 주는 쾌락을 느끼는 행동이다. 아이가 손가락을 빨 때 음탕한 생각을 하지 않고 그저 빨고 또 빨면서 즐거워하는데 이것이 유아의 성적 모습이다.

한편 쓰거나 불쾌한 대상이 입에 들어가면 뱉기도 하고 마음에 들지 않는 것은 이빨로 물어뜯기도 하면서 아이는 외부대상과 관계를 갖는 방법을 터득한다. 그렇기 때문에 구순기 경험은 이후 외부에서 오는 대상에 대한 모든 태도의 출발점이 된다. 대상에 자꾸 집착하는 사람은 고집이 세거나 욕심이 많게 되고, 일찍 젖을 떼어 구순기 좌절을 겪는다면 세상에 대한 원망이 많아진다.

구순기는 외부 대상이 절대적이기 때문에 구순충동은 타인에 대해 의존적인 성격을 만든다. 우리가 권력이나 사랑에 굶주린다고 입과 연관된 표현을 쓰고 몹시 예쁠 때 뽀뽀를 하거나 물고 싶어하는 게 우연처럼 보이지만 실은 다 구순충동에 원인이 있다.

## 항문기(anal stage): 긴장의 방출과 규율

항문기는 대상을 받아들이는 게 아니라 반대로 억제하거나 내보내면서 쾌감을 맛보는 시기다. 오줌이나 똥이 마려울 때 참았다가 시원하게 용변을 보면 기분이 좋아진다. 이처럼 몸 안의 노폐물을 밖으로 내보내 긴장을 해소하면서 방출에서 얻는 쾌감을 느끼는 게 항문충동이다. 〈방귀대장 뿡뿡이〉처럼 어린아이들이 방귀나 똥에 유독 관심이 많은 것은 항문충동이 강력하게 작용한다는 방증이다.

또 항문기는 최초로 규율을 배우는 시기로 중요하다. 일정한 나이가 되면 기저귀를 떼고 용변을 가리는 훈련을 한다. 이때부터 아이는 본능의 충족을 사회가 정해주는 방식대로 하는 법을 배우면서 사회화되기 시작한다.

이 과정에서 부모의 간섭을 어떻게 받아들이느냐에 따라 이후 성격과 행동도 결정된다. 아이가 부모에게 순종하고 훈련을 잘 받아들이면 깔끔한 위생관념과 질서의식이 생기지만 혹시 적응을 못 하면 반항적이 되거나 무질서해질 수 있다. 더 심하면 밤에 일부러 오줌을 싸거나 옷을 더럽히면서 부모에게 대든다. 이런 아이는 고집 세고 반항적인 성격을 갖기 쉽다.

그래서 무의식적으로 해석해보면 대변은 아이가 부모의

요구를 받아들이는 선물을 뜻한다. 지나치게 돈에 인색한 사람도 항문기에 집착하고 있기 때문이다. 성인이 되면 대변이 아니라 내부의 스트레스나 감정을 폭발시키는 형태로 항문 충동을 만족시킨다.


## 남근기(phallic stage): 오이디푸스 콤플렉스 경험

남근기는 오이디푸스 콤플렉스를 경험하는 시기다. 여기서 남근은 남자의 성기를 상징적으로 의미하는 말이다. 왜 상징적 성기냐면 아직 아이는 남자와 여자의 성기구조나 해부학적 차이를 잘 인식할 수 없기 때문이다.

대략 6세 정도 되어야 아이는 여자·남자가 옷차림이나 머리 길이가 아니라 신체적으로 서로 다르다는 것을 알게 되며, 사춘기를 지나야 자신의 성적 정체성과 이성과 신체적 차이를 확실히 느낀다.

그러므로 남근기 아이는 눈에 보이는 남자아이의 성기만을 알기 때문에 여자아이가 거세되었다고 느끼는 것이다. 남자아이는 여자아이를 보면서 거세를 당하지 않을까 불안해하기도 한다. 이때는 성에 대한 호기심이 많이 생기며 아버지나 어머니를 관찰하면서 애정을 갈망한다. 오이디푸스는 바로 거세에 대한 불안감 때문에 결국 쇠퇴하며 유아의 성욕은 잠복기로 들어선다.


## 잠복기(latency stage): 전성기기와 성기기의 과도기

거세 콤플렉스를 받아들이면 아이는 부모와 경쟁을 포기하고 이제 성적 관심을 무의식 속에 억압한다. 이때부터 사춘기까지의 시기를 잠복기라고 부른다.

그리고 구순기-항문기-남근기까지는 자기 몸에 관심이 많기 때문에 전성기기(前性器期)라 부르며, 사춘기 이후를 성기기라 부른다.


## 성기기(genital stage): 성충동과 생식 활동의 일치

사춘기는 보통 남자가 13세, 여자는 11세에 시작되며 호르몬의 작용으로 육체의 급격한 변화와 성장이 시작되는 시기다. 남자아이는 골격이 커지고 목소리가 변하면서 몽정과 함께 남성적 특징이, 여자아이는 유방의 발육과 초경이 시작되면서 여성적 특징이 두드러진다.

사춘기는 신체적으로 완전한 여자·남자로 바뀌는 중요한 성장기다. 이때부터 이성에 대한 관심이 커지고, 성에 대한 생각들이 생식활동과 일치하기 시작한다. 성기에 리비도 에너지가 몰리지만 남근기처럼 자기 몸에서 쾌락을 느끼는 게 아니라 성행위를 하고 싶어한다.

이처럼 성은 여러 단계를 거쳐서 발전하지만 이 단계들은 성인이 된 이후에도 계속해서 영향을 미친다. 다시 말해 성인이 되었지만 여전히 구순충동이나 항문충동이 강하게 지배하는 사람도 있다는 말이다. 남근기에 고착된 사람들은 자기 잘난 맛에 살면서 남자다움이나 여자다움을 유달리 강조하는 사람들이다.

성인기 성은 유아기 성의 반복이다. 그리고 인간의 성은 생물학적인 것이 아니라 충동이 본질이기 때문에 문화나 환경의 영향을 많이 받는다. 성 풍속이 나라나 시대마다 다 다른 것도 이 때문이다.

정신분석은 성을 절대적인 것으로 보지만 언제나 문화와 자연의 상호작용 속에서 그것을 설명한다.

# 제19장 프로이트 사상:
## 히스테리·강박증·편집증

    정신분석학은 신경증(neurosis)을 치료하고 분석하면서 태어났다. 히스테리는 강박증과 함께 정신장애의 하나인 신경증으로 분류한다. 신경증이란 스트레스나 불안 같은 심리적 원인으로 신체적·정신적 기능장애를 발생시키는 정신장애를 말한다.

    정신분석학은 신경증을 주된 치료와 연구의 대상으로 다루며 겉으로 드러나는 증상이 아니라 정신장애의 유형을 세 가지 구조로 나누어 진단하고 치료한다는 점에서 정신의학과 차이가 있다. 세 가지 유형은 신경증·도착증·정신병으로 이것은 어떤 면에서는 마음의 보편적 구조이기도 하다.

다시 말해 억압 때문에 발생하는 신경증은 인간이라면 누구나 가지고 있는 정신 구조이며 도착증이나 편집증적 증상도 누구나 약간씩은 다 갖고 있다는 말이다. 다만 정상인과 환자들은 정도의 차이가 클 뿐, 근본적으로 다른 사람은 아니다. 프로이트는 "우리 모두는 신경증자"라는 유명한 말을 하기도 했다.

이제 정신장애가 무엇이고 어떻게 나타나는지, 그리고 정신장애가 왜 우리 마음의 구조를 잘 보여주는지 알기 위해 히스테리와 강박증, 그리고 편집증적 정신병을 사례를 통해 설명해보자.

## 히스테리: 마음의 고통을 말하는 몸

히스테리(hysteria)는 그리스 시대부터 의사들이 언급했지만 늘 편견의 대상이었다. 그리스인은 히스테리가 여성의 병으로 자궁에 어떤 문제가 있을 때 발생한다고 생각했는데 히스테리라는 말도 자궁(hustera)이라는 그리스말에서 왔다.

중세 때는 악마에 사로잡힌 병으로 보면서 히스테리 환자를 마녀로 몰기도 했다. 근대에 들어와서도 히스테리 환자의 신체 증상이 꾀병이나 의지가 약해서 발생한다고 생각하면서 전기충격·얼음찜질 같은 고문에 가까운 방법으로 치료를 했다.

히스테리는 주로 마음의 불안이나 갈등이 신체적 기능장애로 표현되는 것으로 두통·마비·근육의 수축이나 떨림·기침·부분 통증·언어장애 등 다양한 증상을 보여준다. 그래서 히스테리는 마음의 고통을 몸이 말하는 것이라고 할 수 있다. 세계대전이 한창일 때 전쟁터에서 살아 돌아온 많은 병사들이 히스테리 증상을 보이면서 이것이 여성들만의 병이라는 편견이 깨졌으며, 샤르코 교수나 브로이어 박사가 최면을 이용해 히스테리를 치료하면서 마음의 상처가 몸의 질병을 일으키는 원인이라는 것이 분명해졌다.

히스테리는 특히 감당하기 힘든 정신적 충격을 받거나 심한 갈등이 있을 때 발생하지만 유아기의 성적 욕망과 환상에 그 근본 원인이 있다.

## 도라의 사례

예를 들어 18세 처녀 도라는 한번 시작되면 3주에서 5주까지 계속되는 심한 기침과 구역질·호흡곤란으로 자주 고생을 했다. 그리고 우울증 증상을 보이며 자살하려고도 했고 심하게 경련을 일으키기도 했다. 밤에는 꿈을 자주 꾸었으며 아버지를 좋아하면서도 도덕적으로 위선자라 비난하기도 했다. 도라는 전형적인 히스테리 환자였는데 신체적 이상은 전혀 없었지만 여러 증상을 보였기 때문이다.

도라의 증상들은 마음의 갈등과 억압된 성적 욕망 때문에 발생하였고 분석을 통해 증상과 연관된 사건을 밝혀내면 증상이 가라앉기도 했다. 도라는 성의 실천에는 보수적이지만 큰 호기심을 가지고 성 관련 의학서적을 많이 읽었으며 아버지에 대해서도 사랑과 미움의 이중 감정을 갖고 있었다. 도라는 성적으로 조숙하고 똑똑한 편이었지만 보수적이고 우울한 가정의 분위기가 성욕을 억압했고 본인도 사랑의 감정을 정확히 알지 못하면서 히스테리 증상이 심해진 경우다.

### 강박증: 불안과 반복적 행동

히스테리가 주로 신체 증상을 통해 마음의 갈등을 표현한다면 강박증(obsession)은 극도의 불안감이나 죄책감에 시달리는 신경증이다. 강박증은 특히 끔찍하거나 걱정스러운 생각을 계속하면서 이것 때문에 고통을 받거나 반복적으로 어떤 행동을 되풀이하는 것이 특징이다.

강박증 환자는 자신이 현재 반복하는 행동이나 자기 머릿속에 있는 생각이 터무니없거나 아주 엉뚱하다는 것을 알면서도 그것을 멈추지 못한다. 예를 들어 가스 불을 끄고 밸브를 잠갔는데 불이 날까봐 계속해서 확인하거나 의사가 괜찮다고 하는데도 자신이 불결해서 병이 생길 것이라고 믿으면서 우울해하는 경우를 볼 수 있다.

불안을 떨쳐버리기 위해 강박적 행동을 한다고 해서 강박증이라는 이름을 붙였다. 강박증 환자도 유아기에 뿌리를 둔 억압된 성적 욕망 때문에 여러 증상을 보이고 환상이나 꿈을 통해 욕망을 표현한다는 점에서 히스테리와 기본 구조가 비슷하다.

## '쥐인간' 사례

프로이트가 '쥐인간'이라고 별명을 붙인 29세의 남자 환자는 쥐라는 단어와 관련해 강박 증세를 보이는 사람이다. 군인이었던 이 환자는 훈련 중에 우연히 쥐 고문 얘기를 듣자 심한 강박증에 시달린다. 사실 이전에도 극도의 불안감을 보이면서 자주 자살충동을 느끼는 강박증세가 있었는데 더 심해진 것이다. '쥐인간'은 고대 동양에서 죄수 엉덩이에 항

아리를 매달고 쥐를 넣어 쥐가 죄수의 항문을 뚫고 들어가게 한다는 끔찍한 이야기를 듣자 자신의 애인과 아버지에게 이 고문이 행해질까 전전긍긍했다.

이런 생각은 아주 모순이 많은데 쥐 고문이 실제로 가능하지도 않으며 더구나 아버지는 이미 돌아가셨기 때문이다. '쥐인간'의 증상은 유아기 오이디푸스 콤플렉스의 억압이 남긴 후유증이다.

'쥐인간'은 어려서 여자 가정교사들이 목욕하는 모습을 보면 몹시 흥분하고 만지려 하는 등 성적 호기심이 남달랐다. 그리고 여섯 살쯤에는 집안의 간호사에 매달리면서 성적 행동을 하다가 아버지에게 엄청나게 맞은 적도 있다. '쥐인간'은 이때부터 아버지를 자신의 성적 욕망을 가로막는 방해자로 생각했다.

실제로 아버지는 '쥐인간'의 가난한 애인 대신 원하지도 않는 여자와 결혼시키려고도 했다. '쥐인간'은 아버지를 두려워하고 복수심을 느끼면서도 이런 부도덕한 생각 때문에 죄책감도 심하게 느꼈다. 이런 심리적 갈등이 쥐 고문 환상으로 나타났으며 아버지에 죄송한 마음이 자살충동을 일으킨 것이다.

## 편집증: 여성으로 변하는 슈레버 판사

　정신병과 신경증의 가장 큰 차이는 현실에 대한 구분 능력이다. 신경증 환자는 육체적·정신적 증상 때문에 괴로움을 겪지만 자신의 꿈이나 환상이 실제가 아니라는 것을 잘 알고 있다. 반면 정신병은 환상을 온전한 현실로 믿으면서 자기만의 고립된 세계에 갇힌다. 특히 망상장애로 불리는 편집증(paranoia)은 현실을 왜곡하는 경향이 심하다.

　예를 들어 독일 고등법원 판사였던 슈레버 박사는 신의 목소리를 직접 듣는 등 망상이 심했다. 똑똑하고 글도 잘 썼던 슈레버는 부장판사로 승진하면서 본격적으로 정신병이 발병했는데 자신이 여자로 바뀐다고 믿는 환상이 병의 주된 내용이다. 슈레버는 신이 곧 인류를 심판할 것이며, 자신을 새로운 종족의 어머니로 만들기 위해 선택했다고 믿는 사람이다.

　날마다 신의 손길이 햇살을 통해 자기 몸을 어루만지면서 점점 신체가 바뀌고 자신은 하루하루 여자로 바뀐다. 어느 날은 남자들에게 강간을 당하는 꿈을 꾸기도 한다. 또한 신의 계획을 막기 위해 적들이 음모를 꾸미고 자신을 박해한다고 믿기도 했다. 슈레버의 병은 오이디푸스 콤플렉스 시기 억압한 동성애 성향이 현실의 경험과 혼동되면서 망상으로 발전한 경우다.

　슈레버는 신을 숭배하면서 동시에 비난하는 이중의 모습을 보이는데 이것은 슈레버가 오이디푸스 시기 아버지가 강제하는 거세를 온전히 받아들이지 못했기 때문이다. 편집증이 현실과 환상을 구분하지 못하는 것은 억압에 실패했기 때문인데 억압이 없으면 그 자리를 망상이 차지한다.

# 제20장 프로이트 사상: 후기 사상의 핵심

프로이트는 정신분석학을 통해 도대체 어떤 계기로 인류는 사회를 만들고 문명을 발전시키면서 다양한 제도와 풍습을 만들었는지를 해명하려고 했다. 정신분석이 무의식을 통해 인간의 숨겨진 욕망과 심리를 설명한다면 인간의 사회적 모습 또한 무의식의 법칙을 통해 설명할 수 있어야 한다고 생각했기 때문이다.

프로이트가 전기에 주로 개인의 사례를 통해 무의식의 본성과 정신장애를 연구했다면 후반기에는 종교·사회·문화에 대한 연구로 범위를 넓혀갔다. 1921년에 나온 『집단심리학과 자아분석』이나 1934년 출판된 『인간 모세와 일신교』 같은 책이 그런 주제의 책이다.

프로이트에 따르면 개인의 심리가 사회적 성격을 만들며 인류의 원시시대와 유아기가 유사한 구조를 갖기 때문에 사회 심리학적 연구가 가능하다. 이제 사회의 기원과 문명에 대해 설명하면서 정신분석이 사회심리연구에 어떻게 활용될 수 있는지 마지막으로 살펴보자.


## 토테미즘과 사회

아이가 유아시절 어머니에 대해 성적 욕망을 느끼지만 아버지의 거세위협에 굴복하면서 '동일시'를 통해 자신의 인격과 함께 남성과 여성이라는 정체성을 갖는 것처럼 인류도 비슷한 과정을 집단적으로 경험한다. 바로 오이디푸스 콤플렉스의 사회적 기능이다.

인류학자들의 연구에 따르면 많은 원시부족은 근친상간, 즉 가족이나 친족 간 성행위 금지를 제일의 법으로 지킨다. 또한 아버지처럼 떠받드는 추장이나 지도자를 신성하게 생각하고 두려워하면서 터부, 즉 금지 목록을 만든다. 예컨대 왕이 먹다 남긴 음식에 손을 대면 죽는다는 생각이 그것인데 터부는 지도자를 보호하는 기능을 한다.

특히 많은 원시인류의 제도인 토테미즘은 근친상간과 터부의 실천이라는 법칙을 잘 보여준다. 토테미즘은 그 부족을 상징하는 특정한 동물이나 식물을 토템으로 정해 자신의 부족을 구별하면서 토템을 절대로 해치지 않고 숭배한다. 그리고 같은 토템의 구성원들은 결혼이나 성관계를 못하도록 엄격히 지키는 풍습이다. 토템은 공동체의 상징물로서 일종의 아버지 같은 역할을 한다.

여기서 왜 많은 원시부족이 토테미즘을 철저히 지키는지 분석해보면 그것이 오이디푸스 콤플렉스의 심리와 상당히 비슷하다는 것을 알 수 있다. 오이디푸스 콤플렉스가 극복될 때 아이는 어머니를 포기하고 아버지를 이상화하면서 '동일시'한다. 마찬가지로 원시인들은 아버지를 상징하는 토템을 신성시하면서 존경하지만 정해진 날에 함께 제사를 지낸 후 토템을 죽여 함께 먹는다. 신성하거나 강한 동물을 먹는 행위는 그 동물이 가진 힘을 자기 것으로 삼으려는 '동일시'의 심리다.

또한 근친상간을 금하고 다른 부족과 혼인하는 것도 아이가 어머니 대신 다른 여자와 결혼하겠다고 마음먹는 것과 유사하다. 부족원이 토템을 상징하는 동물에게 보이는 이중의 감정인 두려움과 존경심은 오이디푸스 시기 아이가 부모에게 느끼는 양가적 감정에 일치한다.

토테미즘을 지키면서 제사나 종교의례가 만들어지고 복잡한 사회조직이 만들어진다. 결국 토테미즘은 사회의 출발점이 되는데 내용으로 보면 오이디푸스 콤플렉스의 사회적 버전이라 할 수 있다.


## 도덕이나 종교의 탄생


인간은 사회 속에 살면서 타인에게 많은 영향을 받는다. 아이들이 어른들의 행동을 따라하고 소꿉장난 같은 놀이를 통해 자연스럽게 사회적인 행동을 배우는 것을 보면 알 수 있다. 그리고 인간은 오랜 옛날부터 분업을 통해 서로의 노동과 생산물을 맞바꾸면서 살아왔기 때문에 사회적 관계는 우리에게 매우 중요하다.

그러나 인간은 자신을 구속하는 타인들의 존재를 때로 불편하게 생각하며 특정한 물건을 서로 차지하기 위해 죽자 살자 싸우기도 한다. 우리는 타인을 필요로 하면서도 혐오하거나 배척하는데 이런 양가적 감정은 성충동의 원래 속성에서 비롯된다. 즉 타인은 언제나 사랑의 대상이면서 동시에 미움의 대상인 것이다. 그렇기 때문에 이런 불안감과 적대감을 다스리기 위해 인간은 도덕을 통해 서로 협력하고 사랑하려고 한다. 적대감은 언제 공격으로 발휘될지 모르기 때문에 도덕적 감정을 통해 이를 순화하려는 것이다.

"네 이웃을 네 몸처럼 사랑하라"나 "네가 원하는 대로 남을 대접하라"는 말 속에는 이런 무의식적 공격성에 대한 억제와 두려움의 감정이 숨어 있다. 우리 본성이 원래 순하거나 사랑의 감정만 있다면 굳이 이런 말을 강조할 필요가 없기 때문이다. 이처럼 우리 마음속에서 어떤 금지나 양심의 목소리를 내는 것이 바로 '초자아'다. 도덕은 '초자아'가 주는 선물이며 이제 내면의 목소리는 그 어떤 제도보다 더 강력한 힘을 발휘한다.

종교의 기원도 이와 비슷하다. 인간은 변화무쌍한 자연의 절대적인 힘을 경험하고 생존의 위협을 겪으면서 자신의 두려움을 다스리고 의지할 대상을 필요로 하며 자연스럽게 초자연적 존재인 신을 필요로 한다. 신에 대한 믿음은 유아기 아이가 자신의 나약함을 감싸줄 아버지를 절대적인 존재로 생각하는 마음과 통한다. 신이나 아버지는 사랑과 초월적인 힘을 상징하며 인간은 그 힘에 의지하여 자신의 불안감을 견딜 수 있는 것이다.

그리고 종교에서 악을 경계하고 이를 처벌하면서 죄책감을 갖게 만드는 것도 오이디푸스 콤플렉스의 결과물인 '초자아'가 우리를 지배하기 때문에 가능하다. 이처럼 도덕이나 종교에는 아버지나 신에 대해 우리가 느끼는 양가적인 감정과 태도가 숨어 있다.


## 문명 속의 불만


문명은 무엇보다 성적 본능이나 공격성 같은 본능적 요소를 금지하고 다스리는 것을 통해 가능하다. 그런데 본능의 통제는 조금씩 진행되는 게 아니라 오이디푸스 콤플렉스처럼 어느 순간 억압을 통해 갑자기 이루어진다.

그리고 일단 억압이 성공해서 이성이 행동을 통제할 수 있게 되면 위에서 본 것처럼 그것을 유지하기 위해 여러 제도와 도덕을 계속해서 만든다. 사회제도는 점점 더 복잡해지고 구체적이 된다.

예를 들어 성본능의 억제과정을 보면 처음에는 가능한 모든 성 활동이 무제한 허용된다. 그 다음에는 자식을 낳기 위한 목적의 성관계만 인정하다가 최후에는 결혼이나 연애 같은 합법적 관계에서 일어나는 성관계만 인정하는 식이다. 이렇게 문명이 발달한다는 것은 억압이 더 많아지고 복잡해진다는 얘기이기도 하다.

그런데 본능을 억압하고 통제만 하다 보면 늘 여러 증상을 앓을 수밖에 없다. 본능의 억제가 본능 자체를 없앨 수는 없기 때문이다. 억압된 것은 언제나 돌아오기 마련이라는 프로이트의 말을 기억하자. 그래서 억압하려는 의식과 무의식의 투쟁과 고통이 따르게 되고, 문명 속에 사는 인간은 언제나 신경증 증상을 보일 수밖에 없다.

어느 정도의 신경증 증상은 문명인인 우리 모두에게 있으며 때로 삶에 활력을 주지만 증상이 심해지면 정신적 장애의 수준으로 발전한다. 댐의 물을 계속 가두기만 하면 언젠가 물이 넘치면서 약한 구멍을 터뜨려 그 힘으로 댐이 무너질 수 있는 것이다. 그렇기 때문에 댐이 무너지기 전에 적당히 물을 방류하면서 댐의 수위를 조절해야 한다.

마찬가지로 우리는 다양한 방식으로 억압된 욕망을 적당히 발산하면서 증상의 수위를 조절해야 한다. 때로 증상이 폭력적으로 되면서 일상의 삶을 위협한다면 그것을 우리가 감당할 수 있게끔 치료를 통해 바로잡을 필요도 있다. 문명은 인간에게 양면적이다. 한편으로 문명은 인간의 이성을 통해 많은 편리함과 자연에 대한 지배력을 보장했지만 우리의 정신적 삶에 갈등을 남기기도 한다.

맺음말

# 무의식을 알아야 하는 이유

프로이트는 꿈과 히스테리를 연구하고 임상 치료도 병행하면서 인간 심리의 심층구조가 어떻게 작동하는지 밝혀냈다. 인간의 마음에서는 의식적 측면보다 억압되었지만 일상에서 여러 형태로 자신을 드러내는 무의식이 핵심 역할을 한다. 철학자들은 아리스토텔레스 이래 오랫동안 인간의 본질이 이성이라고 주장해왔다.

하지만 프로이트는 억압된 무의식이 우리 행동과 사유에 더 큰 영향을 미치며, 의식의 관점에서 우연처럼 보이는 것들이 사실은 무의식의 메커니즘을 따르고 있다는 사실을 꿈연구를 통해 밝혀냈다.

꿈이 무의식의 왕도로 불리지만 꿈 외에도 농담·말실수·망각·실착 행동과 다양한 신체적·정신적 증상도 무의식이 자신을 드러내는 무의식의 형성물이다. 우리는 사람이 어떤 행동을 하거나 판단을 내릴 때 이성적으로 움직이고 의식적 동기에 입각해 그것을 설명할 수 있다고 믿는다. 하지만 미처 알지 못하는 은밀한 충동이나 무의식을 고려할 때 인간 행동이 더 잘 이해될 때가 많다.

예를 들어보자. 어떤 회사에서 복도 구석에 무인 커피 판매대를 놓고 사람들이 알아서 돈을 내고 커피를 마시는 실험을 했다. 판매대 위에 한 달은 꽃 그림을 붙이고 또 한 달은 마치 노려보는 것 같은 사람의 눈동자 그림을 붙여놓았다. 무인 판매대에는 아무도 없었고 더구나 구석이라 남을 의식하지 않아도 되었지만 그림이 어떤 것이냐에 따라 커피값의 액수는 달마다 달랐다. 꽃 그림일 때는 돈의 액수가 적었고 눈동자 그림일 때는 많았다. 눈동자 그림이 아무 효과도 없는 듯 보이지만 무의식 속에서 내가 감시당한다는 생각을 하게 만들기 때문에 이런 일이 생긴다.

또 영화나 드라마에서 흔히 볼 수 있는데, 사별한 사람이 누군가를 다시 좋아할 때 옛 연인과 닮아서 혹은 죄책감 섞인 그리움 때문에 좋아한다고 믿으며 사귀는 경우가 많다. 그런데 이 느낌은 실제 사랑이 아니라 다른 무의식적 동기

(죽은 사람에 대한 애정)에서 비롯되기 때문에 결국은 깨지기 마련이다. 말실수도 우연히 일어나는 것 같지만 내가 표현하지 못한 속내나 다른 의도가 말실수로 표현되는 경우가 많다. 의식적으로 보면 실수지만 무의식적으로 보면 억압된 욕망이 새어 나온 것이다.

무의식에 얽힌 이런 예들은 무척 많은데 무의식은 내가 전혀 알아채지 못하지만 교묘하게 우리 행동을 지배한다. 인간은 생각보다 무의식적 행동을 많이 하며 우리 욕망의 뿌리는 무의식이 결정하는 경향이 강하다. 정신분석은 인간의 이성 밑에 감춰진 역동적 충동과 무의식적 욕망이 인간행동의 진정한 기원이라고 말한다.

우리는 사회 규범에 맞추고 타인의 시선을 의식하면서 본능을 억제하고 잘 가꾼 모습을 보이려고 애쓰지만 무의식은 일상 속에서 예기치 않은 다양한 방법으로 자기 존재를 드러낸다.

꿈은 이런 무의식이 일상에서 극적인 방법으로 자신을 드러내는 가장 전형적인 심리현상이다. 우리의 의식은 잠자고 있는 동안에도 활동을 멈추지 않지만 자는 동안 자아의 방어작용이 약화되기 때문에 평소에 억압된 유아기 기억·소망·충동·환상들이 여러 꿈 작업을 통해 꿈으로 바뀌면서 모습을 드러낸다.

프로이트는 꿈이 잠자고 있는 동안 일어나는 정신 활동이며, 무의식이 자신을 보여주는 '또 다른 장면(another scene)'이라고 말한다. 이 '다른 장면'의 연출·배우·관객은 모두 나 자신이지만 의식이 감추고 있는 낯선 나 자신이다. 이 다른 무대를 통해 유아기 때 억압된 기억이나 소망들이 표현된다. 이것이 소원 성취의 본질이다.

또 꿈은 억압된 무의식적 소원이나 낮 동안의 강렬한 경험들을 드러내고 만족시켜줄 뿐 아니라 기억을 정리해주면서 우리가 잘 잘 수 있도록 보호해주는 듬직한 역할을 한다. 꿈 덕분에 수면을 계속할 수 있는 이유는 본문의 '편의를 위한 꿈'들을 통해 살펴보았다.

결국 괴롭더라도 우리 자신의 진짜 속마음을 보거나 억압된 무의식을 끄집어내어 마주해야 우리 자신의 완전한 모습을 알 수 있다. 무의식을 무시하거나 부정해도 그것은 끊임없이 모습을 드러내는데 프로이트에 따르면 억압된 것은 반드시 돌아온다. 이렇게 본다면 정신분석은 나에 대해 이해하고 억압된 것을 잘 발산하면서 건강한 정신 상태를 유지하기 위해서라도 배워야 하는 유용한 학문이다.

그리고 무의식의 과학인 정신분석은 순수 이론이 아니라 임상을 통해 신경증·우울증·트라우마 등 여러 정신장애와 고통을 치료하는 역할도 한다. 임상은 정신분석에서 아주 중요한 부분이며, 정신분석 이론을 단순히 관념적인 것이라고 비판할 수 없는 근거가 된다.

최근 한국인의 정신건강이 좋지 않다는 보도를 종종 접한다. 또 개인뿐 아니라 세월호처럼 우리의 집단적 기억에 고통스럽게 남아 있는 트라우마 사건도 많다. 이에 따라 정신의학이나 심리학이 임상치료나 상담을 하면서 정신질환을 치료하지만 지나치게 신경생리학적 원인의 규명이나 약물 치유에 의존하는 의학적 방법은 정신장애의 이해나 치료에 한계를 가질 수밖에 없다.

조현병 같은 중증 장애에는 약물 치료가 필요하지만 많은 사람이 호소하는 강박증이나 불안증·화병 같은 것을 무조건 질환의 관점에서 다루고 교정하는 것은 바람직하지 않다.

정신분석은 증상의 치유가 목표가 아니라 그것을 환자 스스로 다스리고 통제하면서 자신의 삶을 주체적으로 만들어 가는 것을 더 강조한다는 점에서 의학적 관점과 다르다. 프로이트에 따르면 정상과 비정상의 절대적 구별은 없으며 우리 모두는 어느 정도의 정신적 문제를 가지고 살 수밖에 없다. 문명 자체가 본능의 억압 위에서 세워졌고, 우리의 마음은 내부에서 끊임없이 갈등하고 싸우면서 여러 형태로 이런 역동성을 표현하기 때문이다. 어떻게 보면 신경증이 인간의 보편적 정신구조다. 이처럼 무의식의 본성과 힘을 잘 이해해야 우리는 정신적으로 건강해질 수 있으며 심리적 갈등을 해소할 수 있다.

또 개인의 무의식뿐 아니라 사회에서 볼 수 있는 집단심리나 여러 형태의 갈등·파괴적 행동이나 범죄를 이해하는 데도 정신분석 관점이 매우 유용하다. 프로이트는 『꿈의해석』 이후 무의식이 사회적 관계에서 발휘되는 집단심리학을 집중적으로 연구하면서 사회와 문화현상에 대해서도 적지 않은 논문과 저서를 내놓는다. 『문명 속의 불만』『토템과 터부』『종교의 기원』들이 그런 책이다.

정신분석적으로 보면 도덕과 종교의 기원에는 사회적인 '초자아'가 핵심 역할을 하는데 도덕성은 인간 안에 내재한 폭력성이나 공격성을 다스리기 위한 고도의 방어작용에서 나온다.

정신분석을 전공하지 않더라도 이런 책을 읽으면서 사회적 관계와 도덕·종교·예술 등이 어떻게 무의식과 관계되는지를 이해하는 것은 사회현상에 대한 새로운 이해를 가능하게 해준다. 무의식을 알아야 하는 이유는 간단하다. 우리가 그것을 알지 않으려고 외면해도 무의식은 우리에게 끊임없이 말을 건네기 때문이다. 프로이트의 『꿈의해석』을 읽으면서 나의 무의식에 귀를 기울여보자.

# 주

1) 프로이트, 김인순 옮김, 『꿈의해석』, 열린책들, 2003.(이하 본문에서 『꿈의해석』, 쪽수만 표시함).

2) 프로이트, 김재혁·권세훈 옮김, 『꼬마 한스와 도라』, 열린책들, 2003, 252쪽.

3) 프로이트, 김명희 옮김, 『늑대인간』, 열린책들, 2003, 226쪽.

4) 오이디푸스 콤플렉스 개념은 프로이트의 자기분석 결과로 나왔다. 다음 언급을 보자. "나는 나의 내부에서 어머니를 향한 사랑의 감정과 아버지에 대한 질투의 감정을 발견했다. 이러한 감정은, 히스테리적인 어린이같이 빨리 출현하지는 않더라도, 모든 어린이에게 공통적으로 나타난다고 나는 생각한다. …사정이 이와 같다면, 냉혹한 숙명이란 가설을 거부하게 만드는 모든 합리적 반대에도 불구하고, 우리는 오이디푸스 왕의 충격적인 사실을 이해하게 된다. …모든 관객은 한때 씨앗의 형태로서, 상상 속에서, 오이디푸스 왕이었으며, 자신의 꿈이 실현되어 무대 위에서 현실로 이루어진 것을 보고 두려움에 사로잡힌다(1897년 10월 15일, 플리스에게 보낸 편지)." 프로이트, 임진수 옮김, 『정신분석의 탄생』, 열린책들, 2003, 167쪽.

프랑스엔 〈크세주〉, 일본엔 〈이와나미 문고〉,
한국에는 〈살림지식총서〉가 있습니다.

📖 전자책 | 🔍 큰글자 | 🔊 오디오북

## 프로이트, 꿈의 해석

### 마음을 이해하는 법

| 펴낸날 | 초판 1쇄  2019년 9월 30일 |
|---|---|
| | 초판 3쇄  2022년 7월 20일 |

| 지은이 | 김 석 |
|---|---|
| 펴낸이 | 심만수 |
| 펴낸곳 | (주)살림출판사 |
| 출판등록 | 1989년 11월 1일 제9-210호 |

| 주소 | 경기도 파주시 광인사길 30 |
|---|---|
| 전화 | 031-955-1350 |
| 팩스 | 031-624-1356 |
| 홈페이지 | http://www.sallimbooks.com |
| 이메일 | book@sallimbooks.com |

| ISBN | 978-89-522-4082-8  04080 |
|---|---|
| | 978-89-522-0096-9  04080 (세트) |

## 026 미셸 푸코

양운덕(고려대 철학연구소 연구교수)

eBook

더 이상 우리에게 낯설지 않지만, 그렇다고 손쉽게 다가가기엔 부담스러운 푸코라는 철학자를 '권력'이라는 열쇠를 가지고 우리에게 열어 보여 주는 책. 권력은 어떻게 작용하는가에서 논의를 시작하여 관계망 속에서의 권력과 창조적·생산적·긍정적인 힘으로서의 권력을 이야기해 준다.

## 027 포스트모더니즘에 대한 성찰

신승환(가톨릭대 철학과 교수)

eBook

포스트모더니즘의 역사와 논의를 차분히 성찰하고, 더 나아가 서구의 근대를 수용하고 변용시킨 우리의 탈근대가 어떠한 맥락에서 이해되는지를 밝힌 책. 저자는 오늘날 포스트모더니즘으로 대변되는 탈근대적 문화와 철학운동은 보편주의와 중심주의, 전체주의와 이성 중심주의에 대한 거부이며, 지금은 이 유행성의 뿌리를 성찰해 볼 때라고 주장한다.

## 202 프로이트와 종교

권수영(연세대 기독상담센터 소장)

eBook

프로이트는 20세기를 대표할 만한 사상가이지만, 여전히 적지 않은 논란과 의심의 눈초리를 받고 있다. 게다가 신에 대한 믿음을 빼앗아버렸다며 종교인들은 프로이트를 용서하지 않을 기세이다. 기독교 신학자인 저자는 이 책을 통해 종교인들에게 프로이트가 여전히 유효하며, 그를 통하여 신앙이 더 건강해질 수 있다는 점을 보여 주려 한다.

## 427 시대의 지성 노암 촘스키

임기대(배재대 연구교수)

eBook

저자는 노암 촘스키를 평가함에 있어 언어학자와 진보 지식인 중 어느 한 쪽의 면모만을 따로 떼어 이야기하는 것은 불합리하다고 말한다. 이 책에서는 촘스키의 가장 핵심적인 언어이론과 그의 정치비평 중 주목할 만한 대목들이 함께 논의된다. 저자는 촘스키 이론과 사상의 본질에 다가가기 위한 이러한 시도가 나아가 서구 사상을 받아들이는 우리의 자세와도 연결된다고 믿고 있다.

## 024 이 땅에서 우리말로 철학하기

이기상(한국외대 철학과 교수)

우리말을 가지고 우리의 사유를 펼치고 있는 이기상 교수의 새로운 사유 제안서. 일상과 학문, 실천과 이론이 분리되어 있는 '궁핍의 시대'에 사는 우리에게 생활세계를 서양학문의 식민지화로부터 해방시키고, 서양이론의 중독으로부터 벗어나야 한다고 역설한다. 저자는 인간 중심에서 생명 중심으로의 변환과 관계론적인 세계관을 담고 있는 '사이 존재'를 제안한다.

## 025 중세는 정말 암흑기였나　eBook

이경재(백석대 기독교철학과 교수)

중세에 대한 친절한 입문서. 신과 인간에 대한 중세인의 의식을 다루고 있는 이 책은 어떻게 중세가 암흑시대라는 일반적인 인식을 가지게 되었는지에 대한 물음을 추적한다. 중세는 비합리적인 세계인가, 중세인의 신앙과 이성은 어떠한 관계를 갖고 있는가 등에 대한 논의를 하고 있다.

## 065 중국적 사유의 원형　eBook

박정근(한국외대 철학과 교수)

중국 사상의 두 뿌리인 『주역』과 『중용』을 철학적 관점에서 접근한다. '산다는 것은 무엇인가?'라는 근원적 질문으로부터 자생한 큰 흐름이 유가와 도가인데, 이 두 사유의 흐름을 거슬러 올라가다 보면 그 둘이 하나로 합쳐지는 원류를 만나게 된다. 저자는 『주역』과 『중용』에 담겨 있는 지혜야말로 중국인의 사유세계를 지배하는 원류라고 말한다.

## 076 피에르 부르디외와 한국사회　eBook

홍성민(동아대 정치외교학과 교수)

부르디외의 삶과 저작들을 통해 그의 사상을 쉽게 소개해 주고 이를 통해 한국사회의 변화를 호소하는 책. 저자는 부르디외가 인간의 행동이 엄격한 합리성과 계산을 근거로 행해지기보다는 일정한 기억과 습관, 그리고 사회적 전통에 영향을 받는다는 사실로부터 시작한다는 점을 강조한다.

## 096 철학으로 보는 문화

eBook

신응철(숭실대 인문과학연구소 연구교수)

문화와 문화철학 연구에 관심 있는 사람을 위한 길라잡이로 구상된 책. 비교적 최근에 분과학문으로 등장하기 시작한 문화철학의 논의에 반드시 들어가야 할 요소를 선택하여 제시하고, 그 핵심 내용을 제공한다. 칸트, 카시러, 반 퍼슨, 에드워드 홀, 에드워드 사이드, 새무얼 헌팅턴, 수전 손택 등의 철학자들의 문화론이 소개된다.

## 097 장 폴 사르트르

eBook

변광배(프랑스인문학연구모임 '시지프' 대표)

'타자'는 현대 사상에 있어 가장 중요한 개념 중 하나이다. 근대가 '자아'에 주목했다면 현대, 즉 탈근대는 '자아'의 소멸 혹은 자아의 허구성을 발견함으로써 오히려 '타자'에 관심을 갖게 되었다. 그리고 타자이론의 중심에는 사르트르가 있다. 사르트르의 시선과 타자론을 중점적으로 소개한 책.

## 135 주역과 운명

eBook

심의용(숭실대 강사)

주역에 대한 해설을 통해 사람들의 우환과 근심, 삶과 운명에 대한 우리의 자세를 말해 주는 책. 저자는 난해한 철학적 분석이나 독해의 문제로 우리를 데리고 가는 것이 아니라 공자, 백이, 안연, 자로, 한신 등 중국의 여러 사상가들의 사례를 통해 우리네 삶을 반추하는 방식을 취한다.

## 450 희망이 된 인문학

eBook

김호연(한양대 기초 · 융합교육원 교수)

삶 속에서 배우는 앎이야말로 인간의 운명을 바꿀 수 있는 기회를 준다. 그래서 삶이 곧 앎이고, 앎이 곧 삶이 되는 공부를 하는 것이 무엇보다 중요하다. 저자는 인문학이야말로 앎과 삶이 결합된 공부를 도울 수 있고, 모든 이들이 이 공부를 할 수 있어야 한다고 믿는다. 특히 '관계와 소통'에 초점을 맞춘 인문학의 실용적 가치, '인문학교'를 통한 실제 실천사례가 눈길을 끈다.

eBook 표시가 되어있는 도서는 전자책으로 구매가 가능합니다.

㈜살림출판사

www.sallimbooks.com

주소 경기도 파주시 문발동 522-1 | 전화 031-955-1350 | 팩스 031-955-1355